W0196101

Elmar Simma
Was das Herz erwärmt

ELMAR SIMMA

Was das Herz erwärmt

Kleine Schätze für
den Alltag

Tyrolia-Verlag • Innsbruck-Wien

Mit der Erscheinung
dieses Buches haben wir
zusammen mit der Druckerei FINIDR
einen neuen Baum gepflanzt.

TREE ᴼᴺᴱ ꜰᴼᴿ TITLE

Mitglied der Verlagsgruppe „engagement"

FSC
www.fsc.org

MIX
Papier aus verantwor-
tungsvollen Quellen
FSC® C014138

2. Auflage 2023
© 2022 Verlagsanstalt Tyrolia, Innsbruck
Umschlaggestaltung: Felder Grafikdesign, Rankweil
Coverillustration: Maria Mascher-Felder
Illustrationen im Innenteil: Torico@Adobe Stock
Layout und digitale Gestaltung: Tyrolia-Verlag
Druck und Bindung: FINIDR, Tschechien
ISBN 978-3-7022-4064-6
E-Mail: buchverlag@tyrolia.at
Internet: www.tyrolia-verlag.at

Inhalt

Vorwort

Der Goldene Schlüssel, ein Märchen der Gebrüder Grimm:

Zur Winterszeit, als einmal tiefer Schnee lag, musste ein armer Junge hinausgehen und Holz auf einem Schlitten holen. Wie er es nun zusammengesucht und aufgeladen hatte, wollte er, weil er so erfroren war, noch nicht nach Haus gehen, sondern erst ein Feuer anmachen und sich ein bisschen wärmen.

Da scharrte er den Schnee weg, und wie er so den Erdboden aufräumte, fand er einen kleinen goldenen Schlüssel. Nun glaubte er, wo der Schlüssel wäre, müsste auch das Schloss dazu sein, grub in der Erde und fand ein eisernes Kästchen. „Wenn der Schlüssel nur passt", dachte er, „es sind gewiss kostbare Sachen in dem Kästchen."

Er suchte, aber es war kein Schlüsselloch da. Endlich entdeckte er eins, aber so klein, dass man es kaum sehen konnte.

Er probierte, und der Schlüssel passte wirklich. Da drehte er einmal herum … und nun müssen wir warten, bis er vollends aufgeschlossen und den Deckel aufgemacht hat. Dann werden wir erfahren, was für wunderbare Sachen in dem Kästchen lagen.

Eine faszinierende Geschichte.

Es gibt auch einen anderen Winter, wenn unser Herz friert in der Kälte der Beziehungslosigkeit, der Einsamkeit, der ungelösten Fragen, der Sorgen, der Ängste und Zweifel … Wir suchen dann nach dem, was unser Herz erwärmen könnte, und finden wie durch ein Wunder den Schlüssel zu einem Gedanken, einer Einsicht, einer Begegnung, einem helfenden Wort. Aber noch fehlt uns der Zugang zum Schloss, das uns das Lebensgeheimnis erschließen könnte.

Wir können nur gespannt sein und darauf warten, was uns der „Himmel" schenkt als Antwort auf alle Fragen, auf die ausgesprochenen und unausgesprochenen Bitten.

Darf ich verraten, was in dem Kästchen liegt? Es sind ganz unterschiedliche Impulse, Anregungen, Worte von „oben", die manchmal in der Bibel oder in Erlebnissen, plötzlichen Einfällen, alltäglichen Erfahrungen oder auch bitteren Erkenntnissen zu finden sind.

Zudem habe ich nach jedem Impuls ein Gebet eingefügt als Anstoß, unser Leben mit allem Hellen und Dunklen vor Gott zur Sprache zu bringen. Vielleicht fangen Sie an, mit Ihren eigenen Worten mit Gott ins Gespräch zu kommen. Das Miteinander-Reden ist immer hilfreich, unter uns Menschen und auch in der Beziehung zu Gott.

Der berühmte Theologe Karl Rahner wurde einmal in einem Interview gefragt, warum er glaube. Man erwartete sich eine recht komplizierte Antwort. Aber nach einigem Nachdenken sagte er nur: „Ich glaube, weil ich bete!"

Solange wir mit Gott im Gespräch sind – bittend, dankend, lobend, fragend, hadernd, klagend, zweifelnd –, haben wir eine Beziehung zu ihm.

Langen Sie einfach hinein in das Kästchen, vielleicht mit geschlossenen Augen, und greifen Sie einen Text heraus. Sie werden staunen, welche Antworten Sie für den heutigen Tag oder auch für Ihr Leben finden. Mir selber erging es schon oft so, dass mir verschiedene Gedanken einfach „zugefallen" sind, nicht als Zufall, sondern als gute Fügung, und ich sehe darin Winke, Zeichen, Signale des Geistes Gottes.

Elmar Simma

Alltägliches

Vom Schatzfinden

Eine Geschichte von Jesus: *Mit dem Himmelreich ist es wie mit einem Schatz, der in einem Acker vergraben war. Ein Mann entdeckte ihn … Auch ist es mit dem Himmelreich wie mit einem Kaufmann, der schöne Perlen suchte. Als er eine besonders wertvolle Perle fand, ging er hin, verkaufte alles, was er besaß, und kaufte sie* (Mt 13,44–46).

Beide Männer stießen bei ihrer Alltagsarbeit, beim Pflügen und beim Geschäftemachen, auf eine Kostbarkeit.

Wer weiß, vielleicht blitzt auch ganz überraschend irgendwo oder irgendwann „zwischendrin", beim Bettenmachen, beim Autofahren oder Staubsaugen, ein „Schatz", eine kostbare Erfahrung in uns auf. Es gibt besondere Momente oder spontane Gedanken, die ein Geschenk sind. Dann ahnen wir vielleicht, dass unser Leben mehr ist, als wir selbst „machen" können, ein großes Geheimnis, und wir berühren irgendwie den Saum des Mantels Gottes, ohne sagen zu können: Da ist er! Wenn wir ihn festhalten wollen, ist er uns schon wieder „entwischt".

Empfinden wir auch unser Leben als Geschenk? Wir verdanken es nicht uns selbst. Wir haben es empfangen als Gabe und Aufgabe.

Zwei Vorschläge:
Ich mache am Abend eine Tagesbilanz: Welche positiven Erfahrungen habe ich heute gemacht? Und ich rufe einfach jemanden an, der oder die mir gerade einfällt.

Andere Sichtweise

Gott, wenn ich es könnte,
meine Sorgen hochzuwerfen
wie ein Kind seinen Ball,
ganz hoch,
bis zu dir,
dann wäre das Leben leichter
und manchmal ein Spiel.

Aber die Probleme
fallen immer wieder herunter
und holen mich auf den Boden.

Hilf mir,
die Menschen und meine Tage
mit anderen Augen zu sehen,
mit deinen,
dann bekäme die Welt
auch eine andere Farbe.

Es gibt zudem „Menschen-Schätze", und wir sagen manchmal zu jemandem: „Du bist ein Schatz", weil wir ihn oder sie schätzen und ihnen für etwas dankbar sind.

Und wenn Verliebte sich als „Schatz" erleben, leuchtet in ihrer Beziehung etwas von der Liebe Gottes auf, der uns zärtlich zugetan ist.

Manchmal fällt es uns schwer, das zu glauben. Gott scheint weit weg zu sein, unbegreiflich, unwirklich. Und dennoch: Ich besuchte eine sterbenskranke Frau, die sich ihrer Situation bewusst war. Sie wollte die Krankensalbung und Kommunion. Der Gatte, die Kinder und Enkelkinder waren auch dabei. Ich konnte sogar das Sterben ansprechen. Für mich war es ein „heiliger" Moment, weil wir alle vom Vertrauen der Patientin mitgetragen wurden. Und als wir sangen „Von guten Mächten treu und still umgeben", zogen die Enkel ihre Handys heraus, um den Text mitzulesen. Und nachher – wieder daheim – bekam ich von der fünfjährigen Vivienne eine wunderbare Zeichnung über ihre Oma geschickt. „Perlen" an diesem Tag!

Ich überlege: Was sind meine heutigen Schätze?

Ein Auf und Ab

Du Gott meines Lebens,
was soll ich sagen?
Oft kann ich glauben, stabil und fest,
dass du da bist.
Ich wurzle wie ein Baum in dir.
Aber dann habe ich das Gefühl,
du bist weit weg
und ich selbst bin innerlich leer.

Bin ich der oder jener,
einmal so
und doch wieder anders?
Wenn ich nur glauben könnte,
unabhängig von meinen Gefühlen,
dass du an mich glaubst.
Mein Singen von den guten Mächten
geht weiter als mein Vertrauen,
dennoch singe ich mit den anderen,
weil es meinem Herzen wohltut.

Laufend neue Schätze

Eine große Schatzkiste hält die Natur parat.

Die Zufahrt zu meiner Garage ist gepflastert. Aber aus dem schmalen Spalt zwischen den Rand-

steinen und den Betonsteinen wachsen jedes
Frühjahr Löwenzahnblumen. Mit ihrem leuchtenden Gelb sind sie für mich ein „Wunder", weil
sie sich von den schlechten Bedingungen nicht
abhalten lassen, trotzdem zu wachsen, zu blühen
und die Samen dem Wind zu übergeben. Bei jeder
Bergwanderung erlebe ich solche faszinierenden
Zeichen des Lebensdranges der Natur. Oder wenn
ich in Naturfilmen sehe, wie die Tiere um die Fort-
pflanzung kämpfen, wie der Drang zum Leben in
allen Pflanzen und Tieren gewaltige Energien frei-
setzt, dann beeindruckt mich das ungeheuer.

Von Rabbi Bunam gibt es ein schönes chassi-
disches Wort: *Zwei Taschen muss der Mensch an
seiner Jacke haben. In der einen findet er die Worte: „Die Welt wurde um meinetwillen erschaffen!"
In der anderen: „Ich bin nur aus Erde und Asche!"*
Einerseits haben wir unsere Schwächen und
Grenzen, aber andererseits dürfen und sollen wir
uns sagen: „Ich bin auch jemand und manches
kann ich sogar sehr gut!" Jeder Mensch hat auch
Stärken. Meine Schwester konnte z. B. neben vielem anderen ein vorzügliches Lauchgratin ba-
cken, das ich immer sehr genoss.

Und wohl der größte Schatz findet sich in
der Kernbotschaft der Bibel, dass Gott trotz all
unserer Grenzen und Mängel uns unaufhörlich

zusagt: „Ich liebe dich, du Welt, du Mensch! Deshalb habe ich die Welt erschaffen – für dich! Auch wenn du dich von mir abwendest, ich bleibe bei meinem Ja zu dir und zum Leben!"

Ich probiere es, bewusst in beide Taschen zu langen.

Ein Wunder

Du Schöpfer der Welt,
ich preise dich mit ganzem Herzen,
denn du berührst mich
auf vielfältige Weise,
auch durch die Blumen,
die der Winterkälte zum Trotz
im Frühling wieder blühen:
Schneeglöckchen,
Primeln,
Huflattich,
Veilchen,
Stiefmütterchen,
Gänseblümchen,
Buschwindröschen,
Zaubernuss,
Forsythien,
Azaleen,

Weidenkätzchen,
Krokusse.

Du stattest die Bühne
unseres Lebens
wunderbar aus.
Eine Freude ist es,
darauf meine Rolle
zu spielen.

Bleibe am Leben

Ein wunderschönes Beispiel für den Lebenswillen Gottes finden wir beim Propheten Ezechiel (Ez 16,4–7). Da heißt es:

Bei deiner Geburt, am Tag, als du geboren wurdest, wurde deine Nabelschnur nicht abgeschnitten, du wurdest zur Reinigung nicht mit Wasser abgewaschen, nicht mit Salz eingerieben, nicht in Windeln gewickelt. … Du wurdest auf das freie Feld hingeworfen … Da kam ich an dir vorüber und sah dich in deinem Blut strampeln; und ich sagte zu dir in deinem Blut: Bleib am Leben! … Wie eine Blume auf dem Feld ließ ich dich wachsen. Und du bist herangewachsen, bist groß geworden und herrlich aufgeblüht.

Den geschichtlichen Hintergrund für dieses Wort kann ich nur kurz zeichnen: Die Führenden des Volkes Israel waren in die babylonische Gefangenschaft verschleppt worden. Da mahnt der Prophet und erinnert sie an die eigene Untreue Gott gegenüber, aber er spricht auch in einem drastischen Bild den Leuten Mut und Hoffnung zu.

Ich möchte das Bibelwort auf unsere existenzielle Ebene herunterholen, denn deshalb spricht es mich so an: Wir zappeln auch manchmal im „Blut" eines Leids, einer geplatzten Hoffnung oder schweren Enttäuschung. Wir fühlen uns hinausgeworfen, ohne Energie oder Lebensfreude, sind wie abgestorben, mitunter sogar nackt, wie es im Text heißt, bloßgestellt. Aber dann geht Gott an uns vorüber und sieht uns in unserem Elend, nimmt uns wahr. „Dein Ort ist, wo Augen dich ansehen. Wo Augen sich treffen, entstehst du", sagt Hilde Domin. Es ist eine häufige Bibelmetapher, dass Gott auf uns schaut, uns im Blick hat. Das zu hören, tut wohl, das zu glauben, bedeutet leben können. „Bleibe am Leben! Lebe!", sagt Gott zu uns täglich neu.

Genau das ist die Botschaft von Ezechiel: „Gott hat dich im Blick, hat ein Auge auf dich geworfen, auch wenn es dir im Augenblick schlecht geht. Aus dieser Zusage heraus kann dein Leben wieder aufblühen!"

Ich sage mir heute immer wieder im Laufe des Tages, fünfzig-, hundertmal: „Lebe! Du sollst leben!"

Eine Anfrage

Kann man das Leben nennen?

Die Hoffnung bröckelt von meinen Wänden.
Dein Wort „Bleibe am Leben"
weckt einen Lacher.

Ich kenne Menschen, die mutlos verzweifeln:
Der Flüchtling wird ins Heimatlose
zurückgeschickt,
eine Frau im besten Alter, so sagt man,
kämpft mit dem Krebs,
und auch meine eigenen Freudenblumen
beginnen zu welken.

Hast du, Gott, uns das Leben geschenkt,
um es wieder zu vernichten?
Wie das Wasser eines Springbrunnens
fällt es zu Boden.

Dennoch: Mit jedem Atemzug
strömt das Leben in mich ein.
Also lebe ich doch von dir.

Die andere Sicht

Man muss nur ein Auge dafür haben.

Ich habe das Gebet einer Hausfrau gefunden, das den Blick dafür öffnet:

Früh wach – aber lebendige Kinder,
Haus voller Unordnung – aber ein Dach überm Kopf,
schon wieder Regen – aber gut für den Garten,
der tägliche Einkauf – aber Versorgung gesichert,
Berge von Wäsche – aber genug zum Anziehen,
Stapel von Abwasch – aber alle sind satt,
Bus verpasst – aber geschenkte Zeit,
jede Menge Lärm – aber Menschen um mich her,
erschöpft ins Bett – aber ein Tag voller Leben.
Amen.
Quelle unbekannt

Es kommt immer darauf an, wie wir die „Dinge des Lebens" ansehen.

Alles hat zwei Seiten, mindestens. Manchmal auch mehr. Leider sehen wir häufig nur einen Aspekt, und der ist meistens der schlechtere. Aber es gibt auch das Positive.

Eine Frau, die unter Zwangsvorstellungen leidet, rief mich am Sonntagabend an: „Ich wollte dir nur sagen, dass es mir heute gutgeht!"

Goldkörner

Natürlich ist mir bewusst, dass Menschen in leidvollen Situationen nichts Positives, keine „Perlen" finden können. Ihr Herz ist dunkel. Ihr Denken getrübt, ihr Leben mühsam und schwer. Mir kommt das Bild von Goldgräbern, die in einem Sieb den feinen Schotter, Sand und Dreck im Flusswasser schütteln und waschen, immer mit der Hoffnung, dass irgendwann doch ein paar kleine Goldkörner aufblitzen. Ähnlich können wir alles Negative im Wasser unserer geweinten und zurückgehaltenen Tränen sieben, und wer weiß, vielleicht finden wir im Schlamm unserer bedrückenden Lage doch kleine tröstende, ermutigende Lichtpunkte, die uns wohltun.

Es muss ja kein großer Schatz und keine wertvolle Perle sein, allein schon eine liebevolle Zuwendung gibt unserem Herzen kleine Flügel.

Meine Schwester, die 56 Jahre für mich gesorgt hat, verbrachte das letzte halbe Jahr im Pflegeheim, bis sie dann starb. Natürlich war das für mich sehr traurig. Aber so viele Briefe und Anrufe ließen mich spüren, dass ich von einem Netz der Anteilnahme getragen bin. Es braucht nicht viel, im Gegenteil, die kleinen Gesten und

Zeichen geben uns das Gefühl: Ich bin geschätzt, ich gehöre dazu, ich bin jemand.

Gut, ich könnte ja auch den heutigen Tag einmal „durchsieben". Etwas Positives finde ich sicher.

Reinigend

Vor dir, Gott, siebe ich
meine Tage.
Ich schütte hinein
das Zeug aus meinem Keller,
die Vorräte und das Überflüssige,
die Gefühle aus dem Kühlschrank,
und das, was ich in den Alltagsräumen finde.
Ich schütte hinein
meine Gedanken und Gefühle,
meine Unruhe und Sehnsucht.

Und was bleibt?
Ein paar Goldkörner sicher.
Ich muss nur genau schauen.
Die lassen das Andere vergessen.

Vor dir, Gott, siebe ich meine Tage.

Viele andere Brotsorten

Wenn ich im Bäckerladen überlege, welches Brot von den zwanzig Sorten ich nehmen soll, schäme ich mich fast, weil viele Menschen überhaupt keines haben. Noch mehr aber brauchen wir ein anderes Brot, das der Zuwendung, der Herzlichkeit, der Menschlichkeit. Die Nahrung für die Seele. Die haben sie bei Jesus bekommen. Darum sind die Leute ihm nachgelaufen. Sie haben gespürt: Der redet ganz anders als die religiösen Führer, er steht hinter dem, was er sagt. Seine Worte tun wohl, seine Botschaft lässt leben und macht Hoffnung.

Jesus wollte kein Brotkönig sein und eine Großbäckerei eröffnen, sondern er wollte den Herzenshunger der Menschen stillen. Er wusste, dass man auch mit vollem Magen sterben kann. Von Besitz und Boden kann man nichts abbeißen.

Die Brotvermehrung damals war kein Zaubertrick. Das Wunder liegt im Teilen. Ein Bub bringt, was er dabeihat, fünf Brote, zwei Fische. Winzig wenig, aber Jesus lässt das austeilen und löst damit eine Welle des Teilens aus. Ich stelle mir vor, alle Leute haben angefangen, auszupacken und von ihrem Proviant auch anderen zu geben.

Teilen, Anteil nehmen, teilhaben lassen, das ist „das" Lebensmittel auch heute.

Man kann das Brot der Freude teilen. Sehr oft feiere ich eine Hochzeit, und danach gibt es die Agape, man isst Brötchen, trinkt etwas und freut sich mit dem Brautpaar.

Ich teile manchmal das Brot der Trauer. Einmal traf ich auf dem Marktplatz ein älteres Ehepaar, beide total traurig und geschockt, weil ein Schwiegersohn sich erschossen hatte.

Ich versprach, sie zu besuchen, und brachte Brot mit. Wir aßen davon, tranken etwas, und sie konnten ihr Herz ausschütten. Es tat ihnen wohl.

Wie oft schenken Menschen das „Brot" der Hilfsbereitschaft, der Krankenbesuche, der Freundlichkeit …

Mit seiner Brotvermehrung hat Jesus eine Kettenreaktion ausgelöst: Alles, was wir miteinander teilen, ist lebensförderlich, das Anteil-Nehmen in den verschiedensten Formen, das andere Teilhaben-Lassen an dem, was wir haben und sind.

Brot ist unser Grundnahrungsmittel, und dazu gehört alles, was in Liebe geschieht, was von der Liebe geprägt ist.

Ich könnte beim Besuch eines Bäckerladens oder einer Brotabteilung für jemanden ein kleines Brot mitnehmen. Ein Nusskipfel ist immer gut.

Beides ist gut

Es gibt vieles,
wonach mein Herz hungert,
auch mit vollem Bauch.
Du kennst meine Sehnsucht,
meine Bedürfnisse, meine Wünsche.
Wäre es gut, wenn ich alles bekäme,
was ich möchte?
Ist es nicht wertvoll, den Hunger zu spüren,
den Mangel, das Unfertige, das Ungelöste?
Er hält das Fenster offen für dich
und für das „Mehr" im guten Sinn.

Gott,
ich bete oft: Unser tägliches Brot gib uns heute.
Aber gib uns auch unseren täglichen Hunger.
Der ist die Voraussetzung,
dass das Brot aller Art
wirklich schmeckt.

Eigentlich

Wieder einmal raffte ich mich auf, mein Büro aufzuräumen. Es war dringend nötig. Dabei fiel mir ein Gedicht von Antje Sabine Naegeli in die Hände:

Eigentlich sollte ich aufbrechen
aus der Enge verbrauchter Gewohnheiten.

Eigentlich sollte ich aufhören,
atemlos durch die Tage zu rennen.

Eigentlich sollte ich mich weigern,
fraglos zu funktionieren
und zu schweigen.

Eigentlich sollte ich
das Wort eigentlich streichen,
um am Ende nicht sagen zu müssen:

Eigentlich hätte ich
leben wollen.

Dieser Text beschäftigt mich. Wie oft denke oder sage ich: „Eigentlich …"

Und dann schwingt der Gedanke mit, dass ich immer wieder etwas anderes machen oder sagen wollte, als ich es dann auch tat.

Dieses Wörtchen provoziert in mir auch die Frage, ob alles, was mein Leben ausmacht, wirklich so wichtig ist. Und ich überlege, was meine Prioritäten sind, ob alles sinnvoll ist, was ich tue oder rede.

Und in Fortsetzung dieser Gedanken wäre es doch gut, wenn ich mich fragte, was ich denn

heute eigentlich beginnen oder fortsetzen oder
auch lassen könnte.

„Eigentlich" – das Tagesthema für heute.

Frage

Unbegreiflicher Gott,
was hast du dir eigentlich gedacht,
als du riefst:
Es werde Licht,
als du sagtest:
Ich will den Menschen schaffen
nach meinem Bild und Gleichnis?

Es hat dich gereut, heißt es in der Bibel,
aber es steht auch darin,
dass du bei deinem Wort bleibst:
Ich will, dass du lebst.

Das ist wirklich unbegreiflich.
Nur die Liebe kann so dumm sein.
Aber sie ist eigentlich
das größte Wunder.

Nur staunen kann ich,
mehr doch nicht.
Nur danken kann ich
aus ganzem Herzen.

Die kleinen Dinge

Eine junge Frau, gelernte Kindergartenpädagogin, die später Tiefbohrtechnik studierte, arbeitet heute als leitende Ingenieurin auf einer Bohrinsel. Ich durfte sie auch trauen. Nun schickte sie mir eine Urlaubskarte mit Fotos von ihrem Mann und Sohn. Das ist nicht selbstverständlich, und ich dachte: Wirklich sehr aufmerksam von ihr! Solche kleinen Dinge machen das Leben lebenswert.

Das zweite Beispiel: Eine Frau, die auf einem Auge blind ist, stickt trotzdem wunderschöne Decken mit Ornamenten und Sinnsprüchen. Sie hat mir schon einige geschenkt, davon eine mit folgenden Worten:

Was ich dir wünsche?
Die einfachen Dinge:
Brot auf dem Tisch,
den Sonnenstrahl
zur rechten Zeit,
Wein für das Fest,
Wasser alle Tage,
liebevolle Worte,
den Duft der Rose
und einen Freund,
der zu dir steht!

Die kleinen Dinge sind die großen Sinnträger. Es braucht nicht sehr viel.

Ich lange hinein in die Schatzkiste des Tages!

Zwei Körbe

Du Gott meiner Tage,
am Abend räume ich auf.
In den Abfallkorb werfe ich
die unfreundliche Miene des Nachbarn,
den mürrischen Gruß
im Omnibus,
die Gleichgültigkeit einer Kollegin,
die Undankbarkeit der Kinder.
Aber bin ich selbst immer anders?

In den Geschenkkorb
lege ich
den lieben Anruf,
der mich gefreut hat,
den besonderen Nachtisch,
das Lächeln meines kleinen Neffen
und das Schnurren der Katze.
Auch das, was ich gar nicht
bewusst wahrgenommen habe:
den Sonnenstrahl deiner Liebe.

Das Leben muss nicht immer gelingen

In vielen Lebensbereichen herrscht der Trend, dass alles perfekt sein muss. Auch der Mensch.

Alle Eltern möchten natürlich „perfekte" Kinder, körperlich, geistig, charakterlich. Man hätte später auch gerne die Traumfrau, den Traummann, den Traumchef, falls man es nicht selber ist.

Es wird eine Tyrannei: Alles soll möglichst gut gelingen, das Studium, die Ausbildung, die finanzielle Basis. Nur das erfolgreiche Leben scheint einen Sinn zu garantieren.

Mädchen stehen unter dem Druck, Vater-Töchter zu sein in der Meinung, dass sie nur geliebt werden, wenn sie schön, tüchtig, liebenswert, erfolgreich sind. Bei den Buben ähnlich.

Aber was ist, wenn nicht alles so glatt läuft, wenn es Misserfolge und Rückschläge gibt? Was sagen Menschen, die geistig oder körperlich beeinträchtigt sind, z. B. nach einem Unfall querschnittgelähmt?

Der Lebenssinn hängt nicht davon ab, ob nach unseren Maßstäben alles gut gelingt. Es wird und darf in unserem Leben vieles mangelhaft, defizitär bleiben. Vor Gott dürfen wir auch unsere Fehler haben. „Erfolg ist keiner der Namen Gottes", sagt Martin Buber.

Der scheinbar gescheiterte Jesus am Kreuz ist das beste Beispiel dafür. Dass jedoch der Weg der radikalen Liebe der richtige ist, zeigt sich erst an Ostern.

Wie wäre es: Heute gestatte ich mir, nicht perfekt zu sein, nicht wie gewünscht zu funktionieren!

Wer klagt, der hofft

Warum muss ich perfekt sein?
Uns wurde eingetrichtert,
dass wir sündenfrei sein sollen,
dass du ein strenger Gott bist,
der belohnt und bestraft.
An so einen Gott mag ich nicht glauben,
an einen, der Sintfluten strömen lässt
und die Ägypter im Roten Meer ersäuft.
An einen, der seinen Sohn am Kreuz sehen will
und ein Bußgeld verlangt.

Aber ich hoffe,
dass du ganz anders bist.
Habe ich nicht oft schon deine Hilfe gespürt,
die ich überhaupt nicht verdiente
oder erwarten konnte?

Bist du nicht der ganz Andere
im Vergleich zu uns Menschen,
die wir oft rechnen,
aufrechnen und nachtragen?

Ich öffne
das Fenster meiner Sehnsucht
einen Spalt breit.

Zusagen

Bei jeder Taufe wird dem Kind zugesagt: „Du bist von Gott unbedingt geliebt und angenommen, vor jeder Leistung und ganz egal, was aus deinem Leben wird." Gott sagt zu dir: „Ich habe dich bei deinem Namen gerufen. Mein bist du."

In der Bibel finden wir jede Menge von Zusagen Gottes, z. B.: *Ich will künftig nicht mehr alles Leben vernichten ...* (vgl. Gen 8,21). *Ich werde euch weiterhin tragen, ich werde euch schleppen und retten* (vgl. Jes 46,4). *Ich geh mit euch durchs Wasser und Feuer* (vgl. Jes 43,2). *Ich gebe euch ein neues Herz* (vgl. Ez 11,19). *Ich hole euch aus euren Gräbern* (vgl. Ez 37,12). Und im Zweiten Testament sagt Jesus: *Ich bin gekommen, den Gefangenen die Entlassung zu verkünden, Blinden das Augenlicht zu schenken ...* (vgl. Lk 4,18). *Ich bin gekommen, damit sie das Leben haben und es in Fülle haben* (Joh 10,10). Und viele solcher Worte mehr.

Und wann geht das alles in Erfüllung?

Ich sitze bei einer sterbenden Frau und ermutige sie: „Es wird alles gut. Gott wird dir die Tränen abwischen und dich in seine Arme nehmen. Du kannst in Frieden gehen!" Ähnlich trösten Eltern ihr Kind, das hingefallen ist und weint: „Es wird alles wieder gut!" Mit welchem Recht sagen sie das, wissen sie doch, dass ihr Kind noch viele Tränen vergießen wird?

Letztlich können wir solche Versprechen nur aus einem Grundvertrauen heraus geben, dass alle Leiden im Grunde Geburtswehen sind für ein Leben, das sich erst im Tod vollendet. Wir dürfen Gott beim Wort nehmen, dass er erfüllt, was er verspricht.

Es gibt viele kleine und große Tode, aber auch viele Auferstehungen, Tag für Tag.

Oft muss man lange warten, bis sich Gottes Zusagen erfüllen. Manche erst jenseits des Lebens.

An welche Zusage halte ich mich?

Am Ende zu beten

Gott, du weißt, wie ich geworden bin,
wie mich die Jahre geprägt haben.
Vieles ist nicht so gelaufen, wie du es wolltest
oder ich es mir vorgestellt habe.
Sicher ist manches gut gelungen.
Dafür bin ich auch dankbar,
aber das Geringe, das vor dir bestehen mag,
kann nicht alle Defizite und alle Versäumnisse
meines Lebens aufwiegen,
gar nicht zu reden von all den vielen Taten und Worten,
die nicht von der Liebe geprägt waren.
Ach, du Freund des Lebens und der Menschen,
lass mich Gnade finden in deinen Augen.
Ich vertraue darauf, dass du nicht alle meine Mängel
auflistest wie ein Buchhalter,
sondern dass dein Erbarmen meine Defizite aufwiegt
und ich einmal von dir in die Arme genommen werde,
dein tröstendes Wort hören kann:
Komm, nimm teil an der Freude deines Herrn.

An
den Grenzen
des Lebens

Loslassen

Ein Bekannter bat mich, seine Mama zu besuchen. Sie sei an Krebs erkrankt, habe mehrere Chemotherapien hinter sich und leide an Polyneuropathie. Sie werde immer schwächer und habe schon von Euthanasie gesprochen. Sie denke also daran, ihrem Leben ein Ende zu setzen.

Die Patientin und ich konnten gut miteinander reden. Es schälten sich zwei Themen heraus:

Die Phantasie, was noch alles kommt, machte ihr sehr zu schaffen, und wir fragten uns, wie sie dem entgegensteuern könnte.

Das zweite Problem lag darin, dass sie immer eine „Macher-Frau" war. Sie hatte ihr Leben stets im Griff. Und jetzt musste sie – wohl oder übel – lernen, dass sie immer weniger machen konnte. Das ist wohl eine große Herausforderung, am Ende des Lebens das Lassen zu lernen. Vieles müssen wir lassen: die eigenen Pläne, das Arbeiten, die Selbständigkeit …

Und dann erklärte die Patientin, sie sei beim Autofahren immer eine schlechte Beifahrerin gewesen. Sie habe dauernd dem Chauffeur dreingeredet. „… Und wenn ich mir jetzt vorstelle, dass Gott der Fahrer ist und ich neben ihm sitze, dann fällt es mir schon schwer zu akzeptieren, dass ER bestimmt, wohin die Reise geht und wie lange die Fahrt noch dauert. Das möchte ich schon selbst entscheiden."

Das Lassen fängt schon bei der Geburt, der ersten Ent-bindung, an. Die wichtigsten Dinge im Leben geschehen: die Zeugung, vieles, vieles dazwischen und am Ende das Sterben. Es ist wie beim Atmen. Wir können nur leben, wenn wir ausatmen, loslassen, um dann wieder einzuatmen.

Es wäre keine schlechte Gewohnheit, am Morgen und ebenso am Abend auf der Bettkante sitzend ganz bewusst tief durchzuatmen und zu spüren: Das Leben fließt mir zu, ein dauerndes Geschenk, aber ich muss es auch wieder hergeben.

Ein gewagtes Gebet

Ich lasse mich dir, Gott, und bitte dich:
Mach ein Ende aller Unrast.
Meinen Willen lasse ich dir.
Führe du mich und zeige mir deine Absichten.
Meine Gedanken lasse ich dir,
weil ich vieles in meinem Leben nicht verstehe.
Meine Pläne lasse ich dir,
von denen ich nicht weiß, ob sie wirklich gut sind.

Meine Sorgen um andere Menschen lasse ich dir.
Ich kann vieles nicht ändern und nur dir in die Hände
legen.
Meine Angst vor der Übermacht meiner Krankheit lasse
ich dir.
Mit dir klettere ich sogar über Mauern.
Meine ungelösten Fragen, alle Mühe mit mir selbst lasse
ich dir.
Du wirst mir schon eine Tür öffnen.
Ich lasse mich dir
im Vertrauen, dass du mich auffängst
und einmal hinüberträgst ins Licht.

nach André Gide

**Vielleicht kann ich das aber gar nicht so beten,
bin ich noch nicht so weit. Dann ist es gut, ehrlich zu sagen:**

Nein, Gott, das ist mir zu viel.
Verlangst du das alles?
Bist du ein unersättlicher Gott?
Einer, der mir nachstellt, der mich kleinhält?
Ich kann das nicht glauben, denn dann wärst du kein
liebender Gott.
Also warte noch, vielleicht schaffe ich es eines Tages,
mich dir zu überlassen!

Auf dem Weg der Trauer

Trauer ist der Wundschmerz der Seele, eines der elementaren Gefühle wie die Angst oder die Freude. Dietrich Bonhoeffer schreibt: *Es gibt nichts, was uns die Abwesenheit eines lieben Menschen ersetzen kann … man muss es einfach aushalten und durchhalten; das klingt zunächst sehr hart, aber es ist zugleich ein großer Trost; denn indem die Lücke wirklich unausgefüllt bleibt, bleibt man durch sie miteinander verbunden.*

Oft schon habe ich Trauernde begleitet und auch selbst lernen müssen, mit Verlusten zu leben. Man spricht oft von der „Trauerarbeit". Dieses Wort ist eigentlich falsch. Eine Arbeit verrichtet man, und irgendwann ist sie erledigt. Man kann die Trauer nicht überwinden wie einen Feind, man muss sie langsam in das Leben integrieren und wird dabei selbst verwandelt.

Oft raten Leute den Trauernden: „Du musst halt loslassen!" Das ist ein verletzender Satz. „Bewahren" ist richtiger, denn was gewesen ist und mich mit einem lieben Menschen verbindet – über den Tod hinaus –, das kann mir niemand nehmen.

Eine Frau, die ihren Mann durch eine Krebserkrankung verloren hatte, schrieb mir: „Morgen jährt sich der Todestag. Immer wieder zieht es mich hinunter auf den Boden der Trauer. Ich möchte dieses Erleben nicht verdrängen, denn das Gefühl des Schmerzes nicht mehr zu spüren, wäre wohl ein Vergessen, und das will ich nicht!" Und fünf Jahre später: „260 Wochen, 1825 Tage sind vergangen, eine Ewigkeit und doch wie ein Flügelschlag. Das Leben nimmt seinen Lauf, es geht, es geht irgendwie!"

Durchlebte Trauer ist der Weg zu einem „anderen" Leben. Vielleicht werden wir durch die Trauer dankbarer, sensibler, gelassener, wacher, bescheidener …

Was sind meine Trauererfahrungen?
Was war tröstlich, was überhaupt nicht?
Was macht mich (manchmal) traurig?
Und wie gehe ich damit um?

Muss das so sein?

Du unbegreiflicher Gott,
diese Frage begleitet mich
im Blick auf den Schmerz anderer
und auch auf das eigene Leid.
Warum?

Muss das so sein, rufe ich in die Leere
des verfinsterten Himmels.
Warum sterben Kinder?
Warum gibt es das Krebsübel der Bosheit?
Warum ist mir ein lieber Mensch gestorben?

Schaust du nur zu
und lässt uns einfach zappeln?
Gegen diesen Gedanken wehre ich mich.
Dann wäre doch letztlich alles
eine sinnlose Passion.
Ich lasse dich nicht los,
bis wenigstens der Schimmer
einer Antwort
wie eine Morgenröte
nach einer langen Nacht
aufleuchtet.

Glauben lernen

Vom evangelischen Pfarrer und Dichter Kurt Marti stammt der Satz: „Ihm, Jesus, glaube ich Gott!"

Als Christen glauben wir hinter Jesus her. Unser Glaube ist von ihm geprägt. Wir haben sein Gottesbild übernommen. Sein Reden von Gott und sein Beten prägt unsere Glaubensüberzeugung.

Es kann uns trösten, dass Jesus erst im Laufe seines Lebens den Glauben an einen barmherzigen Gott, der alle Menschen liebt, lernen musste. Grundgelegt wurde sein Glaube durch seine Eltern, Maria und Josef, und durch die jüdische, religiöse Praxis. Er brauchte später die Stille und Einsamkeit, um mit seinem Vatergott klarzukommen. Vierzig Tage verbrachte er allein in der Wüste, und auch später zog er sich oft spätabends oder am Morgen auf einen Berg zurück.

Als er einer lästigen Ausländerin zuerst die Hilfe verweigerte, gewann er auf einmal doch die Einsicht: Gott ist für alle Menschen da! (Mk 7,24–30). Diese Begegnung war für ihn prägend.

Jesus wuchs immer mehr hinein in das Geheimnis Gottes, der ihn in seinem Innersten erfüllte und prägte.

In jeder Beziehung gibt es ein Auf und Ab. Theodor Haecker (gest. 1945) fordert:

Lass niemals von Gott!
Liebe ihn!
Wenn du das im Augenblick nicht kannst,
dann streite mit ihm …
aber lass ihn nie!

Mit Gott im Streit zu liegen, ist allemal besser, als in Funkstille zu verharren. Und sicher hat sich auch unser Glaube im Laufe des Lebens verändert, haben wir manches lernen müssen.

Es stellt sich die Frage: Gibt es für mich glaubensmäßige „Stolpersteine"? Worüber bin ich mit Gott im „Clinch", in einer inneren Auseinandersetzung?

Du Gott meiner Zweifel und Fragen

Manchmal bin ich wie ein fest verwurzelter Baum,
ist mein Glaube fest und stabil.
Aber dann schwankt der sichere Boden.
Warum sterben Kinder,
müssen Unschuldige leiden?
Warum muss die herzensgute Nachbarin
so mühsam ihr Leben beenden?
Und andere leben glücklich,
auch ohne dich?
Auf welcher Seite stehst du?
Warum greifst du nicht ein?
Siehst du das nicht? Schläfst du?

Dennoch kann ich nicht leben ohne dich.
Ich lasse dich nicht los,
bis du mich segnest.

Das sagte schon Jakob,
als er mit dem Engel am Flussufer rang.

Ich halte an dir fest,
du Unbegreiflicher,
denn ich möchte dich greifen,
mich festklammern an dir.

Kannitverstan

Johann Peter Hebel hat 1811 im „Schatzkästchen
des rheinischen Hausfreundes" eine interessante
Kalendergeschichte geschrieben.

Ein Tuttlinger Handwerksbursche kam nach
Amsterdam und staunte über das, was er da sah.
Er stand vor einem prächtigen großen Haus und
fragte einen Passanten, wem das gehöre. „Kann-
nitverstan", antwortete dieser – „Kann nicht ver-
stehn", weil er kein Deutsch konnte. Der Bursche
kam zum Hafen und war sehr beeindruckt, welche Waren von einem Schiff ausgeladen wurden.
Er fragte wiederum einen Mann, wem das Schiff
gehöre. „Kannitverstan", lautete die knappe Antwort.

Er ging weiter und sah einen langen, pompö-
sen Leichenzug. Auf die Frage an einen Trauer-

gast, wer hier beerdigt werde, bekam er dasselbe zu hören. Der Geselle ging mit zum Friedhof und sagte sich: „Ja, was hat nun der Herr Kannitverstan? Ein riesiges Haus, ein wunderbares Schiff und am Schluss ein enges Grab. Der Besitz und Reichtum ist auch nicht alles."

Der Wanderbursche, der kein Holländisch verstand, konnte nicht mit großem Wissen aufwarten, aber er verstand vielleicht mehr als manche Trauergäste, weil er darüber nachdachte und im Herzen begriff, was im Leben wichtig ist. Die materiellen Dinge sind auch nicht alles.

Vieles im Leben können wir nicht verstehen. Wir können es nur annehmen, tragen, ertragen und, wer weiß, irgendwann sehen wir doch einen Sinn dahinter, haben wir etwas daraus gelernt. Aber das dauert oft lange. Friedrich Rückert ermutigt uns: *Verzage nicht, mein Herz! Das Ei kann Federn kriegen und aus der engen Schale zum Himmel fliegen!*

Irgendwann geht es doch himmelwärts, und dann erst können wir alles verstehen.

Auch in meinem Leben gibt es manches „Kannitverstan".

Könnte ich doch

Die sprechen eine andere Sprache,
denke ich oft
nicht bei Fremden,
sondern bei Jugendlichen,
bei verschiedenen Menschen und Gruppen,
sogar bei den Nachbarn
und denen, die mit mir arbeiten,
auch bei den Kirchenmännern und -frauen.
Sie denken oft anders als ich.

Verstehst du mich, hörender Gott?
Ich kann es nur hoffen
und übe das Horchen
auf das Ungesagte, das hinter den Worten steckt,
und das, was du zwischen den Zeilen
deiner Botschaften mir sagst.

Ich möchte mit dem Herzen lauschen,
deine leise Liebeserklärung verstehen,
du närrischer Gott,
vernarrt in uns Menschen.

Gottes doppelte Vorliebe

Der verstorbene Bischof Klaus Hemmerle hat es auf den Punkt gebracht: „Gott hat eine Vorliebe für das Normale und eine Vorliebe für das Unmögliche."

Was ist schon normal?

Der übliche Tagesablauf, der Kaffee zum Frühstück, die tägliche Arbeit? Das Auf-die-Welt-Kommen und einmal das Sterben? Und dazwischen viele schöne, aber auch schwere Stunden. Alles gehört zu unserem Leben, das, was wir leisten und tun, wie auch das, was nicht gut gelungen ist, ebenso unsere Defizite und Fehler. Alles ist „normal".

Banal gesprochen: Falls Gott etwas liest, dann sicher die Tageszeitung, denn ihn interessiert, was sich auf dieser Welt und auch in unserem Leben abspielt. Das „Unsere" ist auch das „Seine".

Und seine Vorliebe für das Unmögliche? Laufend passieren Dinge, die nicht üblich sind, und auch solche, die wir als außergewöhnlich ansehen. Manches ist nach unseren Maßstäben wirklich kaum zu glauben oder nicht erklärbar. Egal, ob wir sie als Zufall begründen oder als von Gott gefügt, wir dürfen darauf vertrauen, dass Gott sich auch in diesen Ereignissen „verbirgt". Aber das ist nicht immer so einfach zu glauben, denn alle schlimmen Zustände, das Sich-Wundreiben an den Grenzen des Lebens empfinden wir als unmöglich. Oft leiden wir an Leib oder Seele.

Trotzdem ist unser Herz das Lieblingsversteck Gottes. Und was wir als normal oder unmöglich empfinden, es kann ein Ort der Gottesbegegnung sein.

„Das Mysterium findet am Hauptbahnhof statt", sagt der Künstler Josef Beuys.

Also dort, wo sich intensives Leben abspielt, lässt sich Gott finden.

Kann ich mir vorstellen, dass Gott in den Banalitäten des heutigen Tages gegenwärtig ist, aber auch im überraschenden Anruf, der mich gefreut hat?
Welches waren in meinem Leben die Orte oder Ereignisse, die mir das Gefühl vermittelt haben: Da hat Gott etwas bewirkt?

Ein Türspalt zum Himmel

Du unbegreiflicher Gott,
manchmal bin ich überzeugt,
dass es dich gibt
und dass du da bist,
mitten im Leben.
In schlafloser Nacht
lege ich mich hinein in deine Hände,
und irgendwann träume ich wieder weg.
Ich sehe dich auch hinter dem Morgenrot
oder der untergehenden Sonne.
Im Schnurren der Katze höre ich sogar dein Wohlgefallen
und auch im Jauchzen eines Kindes.

Aber dann bist du wieder weit weg.
Mein Beten verhallt im Leeren,
und ich frage: Gibt es dich wirklich?
Schaust du nur zu?
Überlässt du uns dem eigenen Tod?
Aber ich kann gar nicht anders
und rufe zu dir,
oft über den Glauben hinaus.
Trotzdem glaube ich, dass wir deine Vorliebe sind,
so unbegreiflich das ist.

Wider die Angst

Wir dürfen auch manchmal mut- und hoffnungs-
los sein oder von Angst erfüllt. Von Mascha Kale-
ko gibt es ein tröstliches „Rezept":

Jage die Ängste fort
und die Angst vor den Ängsten.
Für die paar Jahre
wird wohl alles noch reichen.
Das Brot im Kasten
und der Anzug im Schrank.

Sage nicht mein.
Es ist dir alles geliehen.
Lebe auf Zeit und sieh,
wie wenig du brauchst.
Richte dich ein.
Und halte den Koffer bereit.

Es ist wahr, was sie sagen:
Was kommen muß, kommt.
Geh dem Leid nicht entgegen.
Und ist es da,
sieh ihm still ins Gesicht.
Es ist vergänglich wie Glück.

Erwarte nichts.
Und hüte besorgt dein Geheimnis.

Auch der Bruder verrät,
geht es um dich oder ihn.
Den eigenen Schatten nimm
zum Weggefährten.

Feg deine Stube wohl.
Und tausche den Gruß mit dem Nachbarn.
Flicke heiter den Zaun
und auch die Glocke am Tor.
Die Wunde in dir halte wach
unter dem Dach im Einstweilen.

Zerreiß deine Pläne. Sei klug
und halte dich an Wunder.
Sie sind lang schon verzeichnet
im großen Plan.
Jage die Ängste fort
und die Angst vor den Ängsten.

Die Ängste haben die Tendenz, immer größer zu werden, je mehr man ihnen Raum gibt.

Trifft das Befürchtete nicht ein, haben wir uns umsonst gesorgt. Sonst reicht es, wenn wir uns dann damit befassen, wenn die Not aktuell ist.

Bei aller Vorsorge ist eine gewisse Gelassenheit immer von Nutzen, denn sie schafft einen inneren Abstand. Es hilft, das Notwendige zu tun, und ein paar Worte mit anderen zu wechseln.

Ich hatte viele Jahre eine ältere Mesnerin, eine liebe, einfache Frau, die immer wieder sagte: „So wie es kommt, ist es recht!" Ich kann das für mich nicht immer akzeptieren, aber schön, wenn man davon überzeugt ist.

Grundsätzlich ist es gut, der Angst in die Augen zu schauen. Man kann sie nicht verdrängen, denn sie kommt immer wieder heimlich hereingeschlichen. Dann ist es gut, mit ihr zu reden und ihr zu sagen: Ich dulde keine Hausbesetzung von dir! Ich lasse mich nicht von dir beherrschen, aber es ist gut, wenn du mich innerlich wachhältst.

Wie geht es mir mit meinen Ängsten?

Der Zufluchtsort in der Angst

Wohin kann ich mich flüchten?
Angst verfolgt mich.
Schwere Gedanken liegen
wie dunkle Wolkenbänke
in meinem Herzen.

Wer hilft mir?
Gott, hörst du überhaupt mein Rufen?
Siehst du meine große Not?
Ich sinke ein im Morast meiner Sorgen.

Lässt du mich einfach zappeln?
Ich will es nicht glauben.

Jesus hat auch blutige Angst gehabt
vor seinem Sterben.
Dennoch hat er sich dir überlassen, übergeben,
hat sich fallen lassen in deine Hände.

Gott, wenn ich das nur könnte.
Aber es ist die einzige Rettung.
Sonst gehe ich ganz unter.
Wie ein Echo von ferne höre ich dein Wort:
Fürchte dich nicht.
Wenn ich das nur könnte!

Viribus unitis

Kaiser Franz Joseph I. hatte den Wahlspruch „Viribus unitis", was „Mit vereinten Kräften" heißt. Sicher ein schönes Programm für einen Monarchen. Die Frage ist jedoch, ob er dann auch das Gemeinsame auf den verschiedenen Ebenen fördert und schaut, dass alle an einem Strang ziehen, was natürlich im politischen Alltag nicht einfach ist.

Interessanterweise könnte man das Wort „Viribus" auch mit Viren übersetzen, die der Kaiser damals noch nicht kannte.

Tatsächlich ist es beeindruckend, dass in der Corona-Pandemie ungeheuer viel gegenseitige Hilfe geleistet wurde vor allem durch die Nachbarn, durch aufmerksame und hilfsbereite Menschen und durch haupt- und ehrenamtliche Dienste im Gesundheits- und Sozialbereich.

Friedrich Hölderlin hat vor 200 Jahren den tröstenden Satz geschrieben: „Wo Gefahr droht, wächst das Rettende auch."

Schauen wir nur zurück in unser eigenes Leben: Haben wir nicht sehr oft in schwierigen Situationen, in schweren Stunden eine Hilfe oder einen Trost bekommen, manchmal auch von Menschen, von denen wir es gar nicht erwartet hätten?

Rettung kommt letztlich nicht von der Politik, den Politikern, nicht von der Wirtschaft, den Bossen, nicht von den Banken, den Bankern, nicht von der Wissenschaft, den Wissenschaftlern, nicht von der Kirche, den Pfarrern, sondern von Menschen, die ein Herz haben für andere, die menschlich reagieren und helfen, wo sie gebraucht werden.

Aber was ist, wenn kein Mensch da ist? Was mache ich dann?

Der tägliche Dank

Jeden Tag danke ich
für das warme Bett und das Wasser,
für den Zeitungsausträger und die Postbotin,
für den Bäcker und die Kaffeemaschine,
für den Buschauffeur,
für den Arbeitsplatz,
für das Lächeln einer Kollegin,
für das Lärmen der Kinder,
für die Kassiererin,
für alle im Hintergrund,
für die, die mich lieben,
für die, die mich ertragen,

auch für die Kraft und Geduld,
für den Glauben,
für die Hoffnung,
für die Liebe

und dass es dich gibt
und die und den
und mich auch.

Jedoch, jedoch, ich kann nicht

Der Schweizer Pfarrer und Schriftsteller Kurt
Marti schrieb zum Schluss eines Gedichtes: …

glücklich, ihr Atheisten! Gern wäre ich einer von
euch, jedoch, jedoch, ich kann nicht!

In diesem Satz steckt das, was zum Kern unseres Glaubens gehört, das Trotzdem unserer Auferstehungshoffnung.

Ich kann nicht glauben, dass es nur das gibt, was wir sehen, greifen, begreifen. Auch die Liebe selbst ist unsichtbar und die Hoffnung, eigentlich alles Wesentliche im Leben, ebenso unser Geist und die Gefühle.

Wenn ich beim Sterben eines Menschen dabei bin und dann nur noch den toten Körper daliegen sehe, ahne ich etwas vom Geheimnis des Todes. Mit jedem Menschen stirbt seine „Welt", das Getragen- und Liebkostwerden von seinen Eltern, sein erster Schnee, sein erster Kuss, das Verliebtsein, die guten und schlechten Noten und vieles, vieles mehr. Das nimmt er mit sich … Was wissen wir schon voneinander? Soll alles, was die Geschichte eines Menschen ausmacht, einfach ausgelöscht, verloren sein und im Nichts versinken? Ich kann und will das nicht glauben.

Ich kann nicht, weil ich den Männern Glauben schenke, die zuerst in Angst und Schrecken vom leeren Grab Jesu weggelaufen sind, wie Markus berichtet. Und den Frauen, die Jesus nach seinem Tode auf verschiedene Weise begegnet sind, die seine Gegenwart gespürt und seine Auferstehung als Erste verkündet haben. Sie alle mussten erst langsam glauben lernen, dass es eine Auferstehung gibt. Der Stein des Entsetzens und der Trauer musste in ihnen weggerollt werden. Es gibt die „rolling stones", nicht nur in der Musik. Wir kennen das doch auch. Hat nicht irgendwann in unserem Leben in ähnlicher Weise irgendein Engel ebenfalls von unseren Herzen Steine weggenommen? Aus den Feuersteinen wurden früher Funken geschlagen, wurde das Feuer entzündet. Vielleicht ist uns nach harten Schlägen im Leben auch schon ein zündender Glaube geschenkt worden, ist ein Licht der Hoffnung und Liebe aufgeleuchtet und hat es in unserem Leben so manche „Auferstehungen" gegeben.

Und nicht zuletzt denke ich an alle, die im Blick auf ihre Verstorbenen und auch einmal auf den eigenen Tod an die Auferstehung glauben. Wenn mich Leute fragen: „Wie ist das mit dem Sterben?", antworte ich: „Ich weiß es nicht. Ich bin auch noch nicht gestorben, aber ich glaube fest, dass wir dann hineintauchen in einen gewaltigen Strom von Liebe, in ein unvorstellbares Licht, in dem wir Gott selbst, Christus und unsere Verstorbenen erkennen!"

Was löst der Gedanke ans Sterben in mir aus?

Zwiespältiges Gebet

Manchmal meine ich, dass ich fest glauben kann,
dass ich von deiner Gegenwart überzeugt bin,
dass die Worte Jesu eine sichere Planke sind
in den Wellen des Alltags.
Manchmal ist der Glaubenshimmel klar,
und deine Sonne scheint mir ins Herz.
Aber dann kommen auch dunkle Wolken.
Du scheinst mir fern,
und was der Prediger sagt,
so felsenfest und sicher,
das klingt für mich unwirklich.
Mein Gefühl ist abgedunkelt,
und die Fragen kommen aus den Verstecken gekrochen.

Bin ich der oder jener?
Ich weiß es nicht.
Ich kann mich,
du Unbegreiflicher,
nur in das Netz deiner Zusagen fallen lassen
mit der Hoffnung, dass es mich hält und trägt.
Und dass du mich mit meinen Zweifeln aushältst.

Dass alles so gut ausgeht

Bischof Reinhold Stecher erzählt in seinem Buch „Ein Singen geht über die Erde" von einer Religionsstunde in einer kleinen Bergschule. Er hatte recht anschaulich vom Abendmahl, dem Ölberg, vom Tode Jesu und seiner Auferstehung erzählt. Und dann fragte er den kleinen Seppl in der dritten Bank, was ihm denn bei dieser Erzählung am besten gefallen habe. Der achtjährige Bub von einem einsamen Bergbauernhof antwortete strahlend: „Dass alles so gut ausgeht!"

Aus Kindermund kommt oft die Wahrheit. So auch hier. Der Bub aus der einklassigen Schule spricht unbewusst die Ursehnsucht aller Menschen aus, die glücklich sein und leben wollen.

Nicht die Philosophen oder Weisheitslehrer können letztgültige Antworten geben. Niemand kann ein tränenfreies, sorgenloses Leben garantieren und uns versprechen, dass im Leben alles gut ausgeht. Aber wir dürfen das erhoffen im Blick auf den Auferstandenen, der Angst durchlitten hat, sterbend nach seinem Vater gerufen hat und sich letztlich doch in seine Hände hat fallen lassen.

Die Auferweckung Jesu, an die Menschen durch alle Jahrhunderte hindurch geglaubt haben, öffnet die Hoffnungstür, durch die das Licht der Zusage fällt: „Hab Vertrauen, auch dein Leben geht gut aus, auch wenn du im Leben so vieles vertan hast, wenn sich deine Sehnsüchte nicht erfüllt haben und die Fragen nach dem Warum unbeantwortet blieben!"

Es gilt die Anfrage an uns alle:
Glauben wir wie der Seppl, der aufmerksam der Passionsgeschichte Jesu zugehört hatte, dass es ein gutes Ende gibt? Wenn etwas nicht gut ist, ist es auch nicht das Ende.

Zwischen Zweifel und Vertrauen

Oft fällt es mir schwer zu glauben,
dass alles einen Sinn hat.
Den sehe ich nur selten.
Und dann versuche ich, einfach auszuhalten,
was mir aufgebürdet ist,
auch Menschen zu ertragen,
die auf alles eine Antwort wissen.
Du redest so leise, Gott, dass ich dich nicht verstehe.
Oder sagst du gar nichts und lässt uns zappeln?

Vielleicht sind meine Ohren verstopft
oder der Lärm dieser Welt ist zu groß.
Ich möchte am Ende sagen können wie der Mann am Kreuz:

Es ist vollbracht.
Und ich möchte von dir, Geheimnisvoller,
hören können:
Jetzt ist alles gut. Komm, nimm teil
am Festmahl deines Herrn.
Die Funken deiner Liebe sind übergesprungen,
haben Lichter entzündet.
Und jetzt bist du für immer daheim in meinem Licht!

Heraus aus den Gräbern

Eine mir lieb und wichtig gewordene Bibelstelle steht beim Propheten Ezechiel. Da spricht Gott: *Siehe, ich öffne eure Gräber und hole euch, mein Volk, aus euren Gräbern herauf. Ich bringe euch zum Ackerboden Israels. Und ihr werdet erkennen, dass ich der HERR bin, wenn ich eure Gräber öffne und euch, mein Volk, aus euren Gräbern heraufhole. Ich gebe meinen Geist in euch, dann werdet ihr lebendig* (Ez 37,12–14).

Die Israeliten lebten im Exil, und da waren sie wie tot. „Aber" – so verheißt Gott – „wenn ihr wieder heimkommt auf euren Ackerboden, in eure Heimat und eure Häuser, dann beginnt für euch ein neues Leben!"

Dieses Bild spricht viele an, Menschen, die auf der Flucht und heimatlos sind, Menschen, die existieren, aber entfremdet sind, die nirgends wirklich daheim und geliebt sind. Dann erstirbt mit der Zeit auch die Hoffnung.

Erst nach Jahrzehnten erfüllten sich die Worte des Propheten. Mit ihrer Rückkehr in die alte Heimat erlebten die Israeliten eine „Auferstehung".

Deckte sich ihre Situation damals nicht auch mit der unsrigen, wenn wir von Sorgen oder Leid „begraben" werden?

Grab – das ist nicht mehr weiterkönnen,
   ohnmächtig sein,
   leer und ausgeronnen
   am Boden liegen,
   keine Perspektive haben,
   am Ende wie tot sein.

Auferstehung – neu hoffen,
   neu hören, ansprechbar werden,
   neu reden, Worte finden,
   neu fühlen, hautnah,
   sich auf den Weg machen,
   neue Lieder finden,
   neu vertrauen,
   neu lieben und leben,
   heiter und gelassen.

Und ich? – Wo bin ich?

Du Ostergott

Das Lied vom Tode wird millionenfach gesungen –
von denen, die Leben vernichten,
gewaltsam oder still und leise.
Das Lied vom Leben hast du angestimmt,
als du Jesus zum Leben erwecktest.

Das Lied vom Leben singt die Natur
jeden Frühling aufs Neue,
jede Mutter, die ein Kind gebiert,
jedes Tier, das seine Jungen hütet,
jeder Keim, der aus der Erde wächst.
Singt auch die Nachbarin,
die trotz ihrer Trauer tut, was sie kann.

Gott, ich danke dir
für das kleine Mädchen Hoffnung,
das mit der Puppe spielt.
Ich danke dir,
dass die Sehnsucht nach Leben
mich aufstehen lässt
und dass ich deine Konturen
im Schattenspiel erkenne.

Dem Leben trauen

Der Jesuitenpater Alfred Delp wurde am 2. Februar 1945 in Berlin Plötzensee hingerichtet.

Mit gefesselten Händen schrieb er als Abschiedsbotschaft: *Lasst uns dem Leben trauen, weil wir es nicht allein zu leben haben, sondern Gott es mit uns lebt!*

Großartig, wenn einer kurz vor seiner Hinrichtung so etwas sagen und schreiben kann!

Pater Delp war Mitglied des Kreisauer Kreises um Graf Moltke. Die Gruppe entwarf Pläne für die wirtschaftlichen und gesellschaftlichen Konturen Deutschlands nach dem Krieg.

Sie waren überzeugt, dass der Wahnsinn der Nazigräuel einmal überwunden sein wird, dass der Krieg bald zu Ende geht.

Diese Männer hofften auf eine Wende und waren überzeugt, dass nicht die Gewalt, die Macht, die Menschenverachtung das letzte Wort haben werden. Sie glaubten an das Gute, im Blick auf einen Gott, der unser Leben mit allen Schrecken und allem Schönen teilt. Das Wort „trauen" hat die gleiche Wurzel wie das Wort Treue. Gott bleibt seinem Wort treu und auch uns Menschen.

Vielleicht kennen Sie das wunderschöne Lied aus Taizé: „Laudate omnes gentes" (Lobet alle

Völker den Herrn). Zu dieser Melodie kann man auch singen: „Lasst uns dem Leben trauen, weil Gott es mit uns lebt."

Ein schönes Lied beim Autofahren, im Zug, im Bett …

Ja wem?

Trau, schau, wem,
so sagte man früher.
Wem kann ich schon trauen?
Nicht einmal mir selbst.
Oft weiß ich nicht, was ich eigentlich will.
Auf mich selbst ist nicht immer Verlass.
Wankelmütig reißt es mich hin und her.
Oft kämpfe ich, und dann bin ich wieder flügellahm.

Wem kann ich schon trauen?
Manchen ganz sicher,
aber sind sie nicht auch so wie ich?
Menschen mit Gefühlen, mit Stärken und Schwächen.
Ich danke dir, Gott,
dass ich Freunde und Freundinnen habe,
denen ich vertraue.

Ich wage es, dich bei deinem Wort zu nehmen:
Ich bin dort, wo du bist.

Dir möchte ich vertrauen,
und doch merke ich,
dass mein Glaube nur eine dünne Eisdecke ist
über den Wassern des Lebens.
Die Angst drängt sich oft vor
und die Frage, ob es dich überhaupt gibt.
Dennoch wurzle ich mich täglich neu ein
in den Gedanken, dass du da bist
auch hinter den Vorhängen des Alltags
oder unter den Steinen vieler Probleme.
Ich danke dir über den kümmerlichen Glauben hinaus.

Von den Verstorbenen leben

In einer Schreibtischschublade entdeckte ich einen Brief, den ich vor Monaten bekommen habe. Ein Freund von mir, Lehrer, Kunstliebhaber und Theatermacher, hatte zwei Jahre zuvor seine Gattin durch Krebs verloren. Nun war er selbst schwer krank und schrieb mir:

Das früh einbrechende Dunkel ist für mich eine Zeit des Zerbrechens des Lebens. Es führt mich auf das weite Feld des Sinnierens.

Und wenn ich meine Vergangenheit neben meine Seele lege, weiß ich, heut ist ein neuer Tag.

Ich habe gelernt, den Schmerz zu leben durch Einsamkeit und Schweigen, und wenn ich anfangs glaubte, der Schmerz löse sich langsam auf, wenn ich ihn fest genug in die Arme nehme, nun, dann habe ich mich eben getäuscht.

Sprüche wie: Zeit heilt Wunden, das Leben geht weiter, halfen mir nicht.

Das Leben ging eben nicht weiter. Die Welt war für mich nach dem Tod von T. untergegangen.

Freunde, liebe Menschen aus dem Bekanntenkreis haben mir dann doch wohlgetan. Sie haben mich besucht, haben mich schweigend in die Arme genommen, haben nicht versucht zu trösten, haben mir zugehört, haben den Schmerz mit mir geteilt, haben mich teilnehmen lassen an ihrem Leben, an ihrem Schicksal. Das linderte meinen Schmerz.

So kann ich denn getrost mit weniger Schmerz im Gepäck das letzte Stück meines Weges gehen, einigermaßen gelassen und heiter. Ich weiß, Freund Hein (der Tod) ist immer bei mir.

Beim Lesen dieses Briefes wurden wieder viele Erinnerungen lebendig. Ich bin dankbar für alles, was ich durch ihn gelernt habe, auch die kritische Haltung gegenüber bürgerlich festgefahrenem Denken in der Gesellschaft und in der Kirche.

Was verdanke ich den verschiedenen Verstorbenen, die mir nahestanden, vor allem meinen Eltern, meiner Familie?

Der ewige Gott

Du zeitloser Gott,
der war und ist und sein wird,
von dir fließt mir das Leben zu,
unaufhörlich.
Ich atme dich ein.
Hineinverwoben bin ich in ein Netz von Menschen,
die kommen und gehen, unaufhörlich.
Und ich bin einer von ihnen.

Noch lebe ich,
aber was wird sein, wenn ich sterbe?
Ich höre vom anderen Ufer das Wort,
dass du meine Tränen abwischen wirst
und dass der Tod eine Auferstehung sei.
Ich möchte das glauben,
nicht nur mir selbst zum Trost,
sondern weil nur so
das sterbliche Leben erträglich ist.

Welche Spuren werden von mir bleiben?
Welche Früchte werden reifen
auf den Bäumen an meinem Weg?

Welche Samen meines Tuns
werden Blumen aufsprießen lassen?
Ich kann nur hoffen, dass du
aus meinen kümmerlichen Ansätzen
doch etwas Schönes wachsen lässt,
das anderen nützt.

Hoffnungen

Ich glaube

Eine Karmeliten-Schwester aus Wien, die ich von der Jungschararbeit her kenne, schickte mir mit der Osterpost ein Glaubensbekenntnis von Dietrich Bonhoeffer, dem ich ganz zustimmen kann und das doch schwer zu glauben ist:

Ich glaube,
dass Gott aus allem, auch aus dem Bösesten,
Gutes entstehen lassen kann und will.
Dafür braucht er Menschen, die sich alle Dinge zum
Besten dienen lassen.
Ich glaube, dass Gott uns in jeder Notlage
so viel Widerstandskraft geben will, wie wir brauchen.
Aber er gibt sie nicht im Voraus,
damit wir uns nicht auf uns selbst,
sondern allein auf ihn verlassen.
In solchem Glauben müsste die Angst vor der Zukunft
überwunden sein.
Ich glaube, dass auch unsere Fehler und Irrtümer nicht
vergeblich sind
und dass es Gott nicht schwerer ist, mit ihnen fertig zu
werden
als mit unseren vermeintlichen Guttaten.
Ich glaube, dass Gott kein zeitloses Fatum ist,
sondern dass er auf aufrichtige Gebete und

verantwortliche Taten
wartet und antwortet.

Meine Antwort an die liebe Ordensfrau lautete: Ich möchte immer fester glauben können, dass Gott mich mitsamt meinen Fehlern annimmt und aus allem Mangelhaften meines Lebens Gutes wachsen lässt, Unkraut und Weizen.

Aber manchmal kommen mir doch Zweifel, wenn ich mich überfordert fühle oder mein Gebet scheinbar ins Leere verläuft. Aber das ist nur meine Sicht. Gott hat sicher eine andere.

Vielleicht hat er schon längst geantwortet, und nur ich bin schwerhörig.

Wie würde mein Glaubensbekenntnis lauten?

Ob Gott zuhört?

Stimmt das?
Jesus sagt, dass du unser Gebet immer erhörst.
Vielleicht ist nur deine Antwort ganz anders,
als ich es erwartet habe.
Vielleicht hast du zu einem anderen Zeitpunkt geantwortet,
als ich es gerne gehabt hätte.
Vielleicht verstehe ich deine Sprache nicht
oder ich bin auf beiden Ohren taub.

Gott, lass mich nicht vergebens rufen.
Du hast in deinem Sohn dich ausgesprochen.
Aber auch ihn verstehe ich nicht immer.
Manchmal bräuchte ich einen Dolmetscher
oder Verstärker.
Oder mehr Stille.

Flüstere dich hinein in mein Herz.
Mache mich ansprechbar für deine Worte
und für die Zeichensprache deiner Schöpfung.
Deine Antwort wächst im Garten,
grünt durch die Fenster,
fällt leise wie Schnee,
der bald wieder schmilzt in der Hitze des Tages.
Auch ein Blitz oder Tornado ist dein kräftiges Wort.
Du redest und schweigst.
Alles ist dein Sprechen.

Was ist darüber hinaus?

„Stimmt das wirklich? Gibt es das tatsächlich?",
fragen wir uns manchmal, wenn wir etwas Un-
glaubliches sehen oder erleben. So war es auch
bei der Begegnung der Jünger mit dem auferstandenen Jesus.

Ein Mann, dem eine schwere Operation be-
vorstand, sagte: „Wenn ich ehrlich bin, hab' ich

mein Leben lang mehr glauben wollen, als ich wirklich geglaubt habe, und jetzt, wo ich den Tod näher sehe als das Leben, verfüge ich im Grunde über keine Kraft mehr, irgendetwas für wahr zu halten. Das Reden vom Sinn des Lebens klingt für mich fast zynisch. Ich fühle mich leer und frage mich jeden Tag, wie lange es wohl noch dauert. Ach, ich komme mir vor wie ein zerbrochener Spiegel. Jeder Glassplitter zeigt nur ein kleines Stück Wirklichkeit, zeigt meine Angst, meine Schwäche, meine Ohnmacht, aber die ganze Realität, was wirklich ist, sehe ich nicht. Ich möchte glauben, dass es doch mehr gibt als das, was ich jetzt sehen kann oder fühle."

So ähnlich geht es vielen. Fragen tauchen immer wieder auf wie z. B. beim manchmal mühsamen Sterben eines Menschen.

Aber es gibt auch Phasen, in denen ich fest davon überzeugt bin: Das kann noch nicht alles gewesen sein. Alles Unerfüllte ruft nach einer Erfüllung, alles Mangelhafte nach einem großen und guten Ganzen. Deshalb glaube ich an ein Weiterleben nach dem Tod. Auch im Blick auf Christus.

Wenn ich über meine Hoffnung Rechenschaft ablegen müsste, wie lautete meine Antwort?

Auferstehungen

Gott, auf vielen Bildern sieht man dich
auf einem Thron sitzen
als mächtigen Herrn.
Bist du nicht viel mehr ein Gott,
der aufsteht zum Leben, für das Leben?

Ich bin dir ähnlich,
wenn ich aufstehe am Morgen,
aufstehe vom Tisch,
aufstehe zur Arbeit,
aufstehe zur Begrüßung,
aufstehe in der Kirche,
aufstehe für einen Besuch,
aufstehe und heimgehen kann
aus dem Krankenhaus.

Wer aufsteht, schläft nicht,
wer aufsteht, ist in bereiter Haltung,
wer aufsteht, kann meistens auch gehen.

Gott, hilf mir, immer wieder aufzustehen
und die Auferstehung zu leben.

Gestorben wird immer

Der feurige Prediger einer Baptistengemeinde in Amerika setzte bei der Osterpredigt zum Endspurt an und rief immer wieder in die versammelte Gemeinde hinein: „Der Tod ist tot!"

Und in swingendem Ton sang er mit Klatschen: „Halleluja, der Tod ist tot, der Herr ist auferstanden!" Alle klatschten mit und stimmten mit wachsender Begeisterung ein.

Hinten, in der letzten Bank, saß Fred, ein Bestattungsunternehmer. Auch er sang leise mit und sagte dann vor sich hin: „Aber gestorben wird auch immer!"

Eigentlich haben beide Recht. Ums Sterben kommt niemand herum, das ist ein Teil unseres Lebens. Aber es gibt auch Auferstehungserfahrungen in unserem Alltag, wenn wir uns in irgendeiner Weise aus dem erheben, was uns hinunterdrückt. Körperlich, seelisch, beziehungsmäßig haben wir schon oft neue Anfänge erlebt, sind wir wieder herausgekommen aus dem Grab einer Erkrankung, einer Enttäuschung, einer inneren Verletzung …

Im Blick auf Jesus wagen wir sogar zu glauben, dass es in unserem Tod ein Neuwerden gibt, eine Geburt zu einem anderen Leben. Ohne diese Hoffnung wäre das Leben letztlich trostlos.

Der Philosoph Martin Heidegger prägte den Satz: Unser Leben ist ein Sein zum Tode.

Das stimmt, aber es ist auch ein Sein zum Leben, über die Tode hinaus.

Ein Gott der Lebendigen

Gott, ich gebe es zu:
Ich bin schon viele Tode gestorben:
den Tod der Resignation, der Mutlosigkeit,
den Tod der Angst und der negativen Gedanken,
den Tod der Lieblosigkeit und bösen Wünsche.

Aber es gibt auch das Gegenteil.
Ich habe einen Strich gezogen unter eine ungute Geschichte,
habe auf meinen Vorteil verzichtet,
bin um des Friedens willen still gewesen,
ohne etwas nachzutragen.

Immerhin etwas,
nein, sogar viel.
Hast du mich dazu angestiftet?
Kommt der lange Atem von dir?
Und das Vergeben-Können?

Gib mir deinen Geist, immer neu,
mache mich weit, wenn mein Herz eng wird,
Ich bitte dich um Geduld,
aber auch um den Mut, nein zu sagen.
Schenke mir einen Hoffnungsblick
über die momentanen Mauern hinaus,
Osteraugen, die auch dahintersehen können.

Wäre es uns doch möglich

Eine Mutter hatte mich mit großen Sorgen ange-
rufen. Ihre Tochter erwartete das erste Kind, aber
leider musste diese jetzt viel zu früh wegen einer
Schwangerschaftsvergiftung ins Krankenhaus.
Ich solle doch bitte beten, dass alles gut ausgeht.

So war es dann auch. In großer Dankbarkeit
schickte mir die frischgebackene Oma eine Spen-
de für Notleidende mit einem schönen Spruch:

Wäre es uns möglich,
weiter zu sehen,
als unser Wissen reicht …
Vielleicht würden wir dann
unsere Traurigkeiten
mit größerem Vertrauen ertragen
als unsere Freuden.

Rainer Maria Rilke

Das mit dem Weitersehen ist schon ein Problem. Lieber haben wir – nach den Worten Jesu – „den Spatz in der Hand als die Taube auf dem Dach".

Was wir konkret sehen, was in unseren Möglichkeiten liegt, das meinen wir auch beeinflussen zu können. Aber alles andere scheint uns ungewiss zu sein.

Ach, hätten wir den Mut, Gott wirklich beim Wort zu nehmen, der sogar weiß, wie viele Haare wir auf dem Kopf haben, und der uns seine Fürsorge zusagt, dann könnten wir oft gelassener sein, weil wir ihm zutrauen, dass er alles zum Guten fügt.

Was das ist, wissen wir nicht immer. Wer kann denn letztlich schon sagen, was das „gnädigere Los" ist, z. B. alt zu werden oder früh zu sterben?

Rückblickend: Was habe ich in meinem Leben als gute Fügung erkannt?

An wem liegt es?

Du unbegreiflicher Gott,
oft meine ich,
es liege an dir,
wenn sich meine Gebete nicht so erfüllen,
wie ich es gerne hätte.
Man sagt, ich müsste noch länger beten
oder meine Bitten wären nicht in deinem Sinn,
du möchtest mich auf die Probe stellen.

Bist du wirklich ein Gott,
der uns prüft?
Ich denke, das hast du nicht nötig,
du kennst mich im Voraus durch und durch
und bist mir liebevoll zugeneigt.
Nur manchmal fällt es mir schwer,
das zu glauben.

Woran liegt es, wenn meine Gebete
scheinbar ungehört verhallen?
Vielleicht meine ich das nur
und muss ich einfach noch warten.

Bei aller Not meines Betens
ist es wohl besser,
weiter zu beten, als das Gespräch abzubrechen.
Letztlich glaube ich, weil ich im Gespräch bin mit dir.
Und ich möchte es bleiben.

Widerstand und Ergebung

Auch der große Theologe Karl Rahner sagte etwas ratlos: „Das Erste, was ich meinerseits am Ende des Lebens Gott fragen möchte: Warum mussten so viele Unschuldige leiden?"

Wir wissen keine befriedigende Antwort darauf und können nur sagen: Diese Welt ist halt nicht perfekt, vollendet, sondern immer am Werden. Alle Schmerzen sind Geburtswehen für das größere Leben bei Gott. Nicht zuletzt ist unser freier Wille eine Ursache für das Leid, weil wir Menschen selbst so viel Unheil in diese Welt bringen können.

Dennoch glaube ich, dass das Gute das letzte Wort hat und nicht das Böse, die Liebe und nicht die Grausamkeit.

Dietrich Bonhoeffer, auch ein Opfer der Nazidiktatur, schrieb ein großartiges Buch: „Widerstand und Ergebung". Zuerst muss der Widerstand da sein gegen alles Lebensfeindliche und Unmenschliche. Ich denke, dass wir uns viel zu wenig gegen ungerechte Zustände wehren, gegen das, was offensichtlich böse ist. Erst wenn wir alles uns Mögliche getan haben, um eine Situation zu verbessern, dürfen wir uns sagen: „Da kann ich nichts ändern. Das muss ich halt ertragen, aushalten." Die Ergebung ist immer die letzte Option.

Oft schon habe ich z. B. Gespräche geführt mit Menschen, die nach jahrelangem Kämpfen und vielen Verletzungen in der Partnerschaft keinen anderen Weg für sich sahen, als sich scheiden zu lassen. Ich meine, es ist nie im Sinne Gottes, dass sich Menschen in ihrer Beziehung laufend wehtun.

Er will nicht das Kreuz-Tragen, das bleibt uns sowieso manchmal nicht erspart, sondern dass wir uns entfalten und das „Leben in Fülle" suchen und zumindest ansatzweise finden.

Auf welche Seite zieht es mich meistens – zum Widerstand oder zur Ergebung?

Was ist das Bessere?

Du menschenfreundlicher Gott,
gibt es einen Maßstab, um zu wissen,
was im Leben das Bessere ist?
Das Aushalten oder das Aufbegehren,
das schweigende Dulden oder das Sich-Wehren,
das Bleiben oder das Gehen?
Die Liebe erträgt alles, schreibt Paulus,
aber ich will nicht immer den Ansprüchen genügen.

Meine Kräfte sind begrenzt,
und meine Geduld hört irgendwann auf.

Wir sollen den Nächsten lieben
wie uns selbst.
Aber das hat seine Grenzen.
Mir zuliebe sage ich im Herzen ein Nein und ein Stopp.
Aber anderen zuliebe
ringe ich mich oft durch zu einem Ja.
Auf diesem Grat falle ich manchmal auf die eine Seite
und dann auf die andere
und bin unzufrieden mit mir.

Es gibt keine Lösung,
die total befriedigt,
Hilf mir, heute zu tun, was in meiner Kraft ist,
und morgen schaue ich weiter.
Die Spannung auszuhalten, fordert auch Kraft,
die mir oft fehlt.

Gott, höre auf mein Rufen.
Gib mir Boden unter den Füßen, wenn ich zerrissen bin.

Lebenssatt

Im Ersten Testament steht eine erfundene, aber faszinierende Geschichte von Ijob, der als Prüfung einen Schicksalsschlag nach dem andern erlitt, alles verlor, die ganze Familie, den Besitz, die Gesundheit und seine Freunde, deren „gute Ratschläge" er nicht brauchte. Zuerst ertrug er alles mit Geduld, aber dann begann er, mit Gott zu hadern. Er führte auch einen langen Diskurs mit ihm, in dem ihm Gott bewusst machte, dass er als kleiner Mensch eigentlich nichts von ihm und seinen Plänen versteht.

Schließlich wendete sich wieder das Blatt. In hohem Alter bekam Ijob nochmals sieben Söhne und drei Töchter (das sind symbolische Zahlen), dazu auch Enkel und Urenkel. Und ganz zum Schluss heißt es: *Dann starb Ijob, hochbetagt und satt an Lebenstagen* (Ijob 42,17).

Wann ist man „satt" am Leben? Ich denke, wenn man dankbar und zufrieden von dieser Welt gehen kann, wenn man das „Glück in Fülle" gefunden hat und zu seinem Leben mit dem Hellen und Dunklen, mit dem Leichten und Schweren, mit dem Geglückten und Unerfüllten Ja sagen und glauben kann, dass wir umfangen sind von der großen, barmherzigen Liebe Gottes zu uns.

Ich begleitete einen älteren Eisenbahner in seinem Sterben. Er war zufrieden mit seinem Leben und sagte: „Jetzt reicht es, jetzt kann ich gehen!" Teilweise war er schon im Koma. Als er wieder einmal erwachte, fragte er: „Bin ich immer noch da? Wie lange geht das noch?" Wir mussten lachen, aber es war schön zu erleben, dass er offensichtlich doch lebenssatt war.

In welcher Hinsicht bin ich satt, in welcher hungrig?

Hungrig bleiben

Du Leben spendender Gott,
ich danke dir für alles, was mein Herz sättigt,
für Freundschaften und liebe Menschen,
für Stimmen, die mich erfreuen,
für Augen, die mich ansehen,
für Hände, die mich berühren und halten,
für den Wind, der mich streichelt
und den wärmende Sonnenstrahl,
für den Schnee und die Berge,
für das Wasser, das mich trägt und erfrischt,
für dein tröstendes Wort
und auch, dass andere mich akzeptieren und wertschätzen,
dass mir Fehler nicht nachgetragen werden,
dass auch du mir vergibst.

Lebenssatt werde ich immer mehr.
Unendlich viel wurde mir geschenkt

von dir und von Menschen.
Ich kann dir nur zutiefst danken.

Aber ich bitte dich, lass mich hungrig bleiben.
Achtzig oder neunzig Jahre können nicht alles gewesen
sein.
Es muss noch mehr geben,
denn das Leben hat auch den Hunger geweckt,
der nie endgültig gestillt ist.
Nicht in dieser Welt, die immer vergänglich ist.

Nicht nur in Gefahrenzeiten

Ich bekam eine lustige Karikatur zugeschickt: Jesus lugt aus seinem Grab heraus und schiebt den Stein ein wenig zur Seite. Davor steht ein Wachsoldat und ruft ihm zu: „Zurück ins Grab, Quarantänevorschrift!"

Das Wort stammt vom italienischen „quaranta", vierzig. Ende des 14. Jahrhunderts, als in Europa die Pest wütete, wurden in Marseille und Venedig die Besatzungen und die Ware der ankommenden Schiffe isoliert, zuerst dreißig, dann vierzig Tage lang, um eine Ansteckung mit dieser Seuche zu verhindern.

Quarantäne

Bei sich bleiben
und nicht durch Fluchttüren
schlüpfen.

In sich bleiben,
wenn man außer sich
gerät.

Für sich bleiben,
es aushalten mit sich.
Das ist wohl
am schwersten.

Heute gehe ich freiwillig in eine private
„Quarantäne", suche ein Zeit der Stille.

Dafür und dagegen

Du Gott der Beziehung,
manchmal bin ich froh,
allein zu sein,
weg von den
kleingeistigen, engherzigen Problemen so mancher,
weg vom leeren Gerede,
von dem, was ich schon zehnmal gehört habe.
Vielleicht will ich auch weg von mir selbst.

Aber dann freut es mich, einen lieben Menschen zu
treffen.

Und was mache ich mit den Unliebsamen,
denen ich auch immer wieder begegne?

Auf die Dauer aber fehlen mir doch
die Gespräche und das Zusammensein
mit anderen.

Vielleicht wäre es gut,
in Quarantäne zu sein mit dir.
Dann würde ich dich besser hören.
Jedenfalls wartest du auf mich.
Schön, das zu wissen.

Hoffnungszeichen

Am 15. April 2019 brannte der Mariendom „No-
tre Dame" in Paris. Ein schockierendes, bedrü-
ckendes Bild, das im Fernsehen gezeigt wurde.
Manche deuteten es als symbolisches Zeichen für
den Zustand der Kirche.

Dem halte ich entgegen, dass es auch eine andere Sichtweise gibt. Der Theologe Hans Urs von
Balthasar schrieb einmal sinngemäß: „Wenn die
Kirche einen erbärmlichen Eindruck macht, dem
geschundenen und gekreuzigten Jesus ähnlich,

dann wittere ich Morgenluft, dann dürfen wir die Auferstehung erwarten."

Natürlich „brennt" uns vieles auf dem Herzen, gibt es „Brände" im politischen, gesellschaftlichen, kirchlichen Bereich. Oft kommt man mit dem Feuerlöschen gar nicht nach.

Aber darüber möchte ich gar nicht reden.

Mich beschäftigt viel mehr die Frage, welches unsere, meine Hoffnungszeichen sind, die es auch gibt und die Mut machen.

Für mich sind es die vielen kleinen Dinge und Erlebnisse, die mir fortlaufend geschenkt werden: die trotz Kälte wachsenden Schneeglöckchen, die lustige Zeichnung, die mir ein Kind schenkt, das Tiramisu, das mir jemand gebracht hat, ein Kompliment, das ich bekommen habe …

Und im Großen: Bei allen Schrecknissen unserer Zeit gibt es auch die positive Entwicklung, dass weltweit die Zahl der Hungernden, der Kinder ohne Schulbildung, der Seuchenopfer abgenommen hat.

Und in der Kirche kann man da und dort erleben, dass dem Geist Jesu Raum gegeben wird.

Ich könnte ja ein Hoffnungslicht anzünden.

Zu müde zum Warten

Manchmal schmilzt mein Glaube,
dass die Kirche sich neu auf den Weg macht
wie zu Zeiten des Konzils,
dass Jesus wirklich der Maßstab ist
und sein Geist zum Aufbruch ermutigt.

Wir Christen müssten doch vorläufig sein,
vorwärts gehend als das Volk Gottes
im Wissen, dass wir nie vollkommen sind.
Auch die Hoffnung wird müde.
Viele warten auf den Aufbruch und Durchbruch:
die Frauen, die Homos, die Geschiedenen,
die anderen Christen draußen vor der Abendmahlstüre
auch alle Unterdrückten und Verfolgten.

Vielleicht braucht es noch mehr Karfreitage,
bis endlich Ostern durchbricht
und die Sonne aufgeht.

Gott, erneuere deine Kirche
und fange bei mir an.

Der Hahn möge krähen,
wo immer wir Jesus verraten.
Er möge krähen
und den neuen Morgen ankündigen.

Zwischen Hoffen und Bangen

Was man in Zeitungen liest, im Fernsehen sieht, da und dort hört, das könnte einem schon Angst machen: Klimaveränderung, Umweltzerstörung, Artensterben, Meeresverschmutzung, Wasserknappheit, Nord-Süd-Gefälle, Flüchtlingsströme und vieles mehr. Wie geht das weiter?

Bei der Taufe eines Kindes denke ich: Was wirst du alles erleben? Wie wird diese Welt in achtzig oder hundert Jahren ausschauen? Was kommt auf dich zu? Aber bei allen Fragen und Sorgen haben wir dennoch Grund, mit großer Hoffnung Kinder auf die Welt zu bringen, weil wir alle von Gott gewollt und geliebt sind, unbedingt, und weil wir aus seiner Liebe nicht herausfallen können, egal, was kommt.

Eine Kern-Bibelstelle ist für mich das Wort des Propheten Jesaja:

Fürchte dich nicht, denn ich habe dich ausgelöst, ich habe dich beim Namen gerufen, du gehörst mir! Wenn du durchs Wasser schreitest, bin ich bei dir, wenn durch Ströme, dann reißen sie dich nicht fort. Wenn du durchs Feuer gehst, wirst du nicht versengt, keine Flamme wird dich verbrennen (Jes 43,1–2).

Gott ermutigt mich: „Nur keine Angst. Ich kenne dich und habe dich im Auge. Ich bewahre dich nicht vor Situationen, in denen dir das Wasser bis zum Hals steht oder du meinst zu ertrinken. Ich verschone dich auch nicht vor vielem, was dir auf dem Herzen brennt, aber ich gehe mit dir da durch, und du wirst nicht zugrunde gehen."

Wir können uns wirklich einmal überlegen:
Wo oder wann habe ich schon im Laufe meines Lebens erfahren, dass Gott mit mir gegangen ist?

Refrain

Fürchte dich nicht,
fürchte dich nicht,
fürchte dich nicht,
fürchte dich nicht,
fürchte dich nicht,
fürchte dich nicht,
fürchte dich nicht!

Wann bin ich so weit?

Ich bin bei dir,
ich bin bei dir,
ich bin bei dir,
ich bin bei dir,
ich bin bei dir,

ich bin bei dir,
ich bin bei dir!

Wann glaube ich es?

Du gehörst mir,
du gehörst mir,
du gehörst mir,
du gehörst mir,
du gehörst mir,
du gehörst mir,
du gehörst mir!

Ach, Gott, grabe deine Zusage tief in mein Herz!

Solange du zu mir stehst

Im Buch Josua (1,9) steht eine wunderbare Zusage Gottes, die Martin Buber so übersetzt: *Ängste nimmer, scheue nimmer, denn bei dir ist ER, dein Gott, überall, wo du gehst!*

Das alte Adverb „nimmer" kann entweder „niemals" oder „nicht mehr" bedeuten.

Das Angsthaben ist etwas Wichtiges, denn wir werden dadurch aufmerksam gemacht, dass etwas auf uns zukommt, das bedrohlich, gefährlich ist. Aber – und das ist die Ermutigung der Bibel – wir müssen uns nicht mehr abgrundtief fürchten, denn Gott geht mit uns durch das, was uns gefährdet.

Der Sänger Ben E. King wurde mit seinem Lied „Stand by me" berühmt. Er bringt darin die Sehnsucht nach jemandem zum Ausdruck, der bzw. die zu ihm steht, mit ihm durch Höhen und Tiefen geht und auch in größter Not bei ihm ist:

Wenn die Nacht gekommen ist
und das Land im Dunkeln liegt
und der Mond das einzige Licht ist,
das wir sehen,
nein, ich werde keine Angst haben,
solange du zu mir stehst!
Refr.: Steh zu mir, oh, steh zu mir!

Falls der Himmel, auf den wir schauen,
taumeln und fallen sollte
und die Berge ins Meer bröseln,
werde ich nicht weinen, nein, ich werde keine Träne
vergießen,
solange du zu mir stehst!
Refr.: Steh zu mir, oh, steh zu mir!

„Du" – ein Mensch oder Gott?
Und – wer steht zu mir? Zu wem stehe ich?

Wenn alles zerbricht

Was soll ich dann tun,
du Gott meines Lebens?
Plötzlich zerbrechen Pläne, Hoffnungen, Wünsche.
Die Hoffnung rinnt mir davon.
Und die Freude auch.
Nichts mehr ist so wie vor Tagen,
nichts läuft mehr so wie gestern.
Ich fühle mich leer.

Das Einzige, was noch von ferne in mein Herz dringt,
ist deine Zusage: Ich stehe zu dir!
Kann ich das glauben?
Noch spüre ich es nicht,
dass du da bist.
Ich fühle mich hängen gelassen.

Dennoch, habe ich nicht schon oft erlebt, dass du hilfst?
Also traue ich dir zu,
dass du es auch dieses Mal wieder tust.
Enttäusche mich nicht,
stell dich neben mich.
Ich nehme dich beim Wort!

Beides stimmt

Der Psychotherapeut Alfried Längle schreibt: „Es kommt immer auf mich an – und hängt nie von mir ab!"

„Es kommt immer auf mich an!" Wir können uns nie aus dem Spiel nehmen. Was immer wir machen, es hat einen Einfluss auf andere und auf uns selbst. Wenn wir uns für etwas oder jemanden einsetzen, es hat eine Wirkung, genauso aber auch, wenn wir nichts tun. Das Reden hat eine Wirkung, aber auch das Schweigen, das Lächeln oder die finstere Miene.

Es kommt auf uns an, ob wir uns zurücknehmen oder einmischen.

Wir leben nicht auf einer Insel. Wir könnten es auch gar nicht, weil wir immer soziale Wesen sind.

„Es hängt nie von mir ab!" Selbst unsere Zeugung ist nicht unsere eigene Leistung. Und hätten uns nicht Menschen liebevoll umsorgt, gepflegt, den Hintern geputzt, uns berührt und angesprochen, wir würden gar nicht leben. Das Wesentlich wird uns von anderen Menschen geschenkt. Mehr noch, wir sind von Gott her gedacht. Von ihm kommen wir, zu ihm gehen wir und dazwischen sind wir von ihm gehalten, getragen. Wir dürfen ihm auch den Hauptpart für unser Leben zutrauen.

Dennoch sollten wir nicht vergessen, allein schon am heutigen Tag: Es kommt immer auf mich an!

Ich werde heute noch jemanden besuchen. Und der Anruf einer lieben Person während des Frühstücks war eine gute Zugabe.

Gebet des Vertrauens

Gott, du kennst mich,
so wird mir gesagt.
Manchmal meine ich,
dich wenigstens ein bisschen zu kennen,
seit ich um Jesus weiß.
Ich möchte gerne glauben,
dass du ein liebender Gott bist
und mich im Blick hast,
auch wenn es dunkel ist um mich und in mir.
Aber dann bist du mir wieder fern,
fern meinen Gefühlen und meinen Gedanken,
fern meinem Leben mit allem Auf und Ab,
fern meiner Krankheit und meiner Einsamkeit,
fern von mir in meinem Versagen.

Du Gott meiner Tage,
ich traue deiner Zusage mehr
als dem, was ich erlebe und spüre.
Ich halte mich an dein Wort
und wage den Sprung
wie ein Fallschirmspringer.

Wirst du mich halten?
Geht deine Zusage auf?
Trägst du mich sicher über die Abgründe
oder hinauf in den Himmel?

Dann …

Martin Gutl, der mit 52 Jahren an Krebs gestorben ist, schreibt:

Wenn du mich rufst, Gott!

An jenem Tag, an dem du mich rufst „Komm!", werde
ich zu dir kommen,
zu dir, den ich in diesem Dasein Millionen Mal
aufblitzen sah
wie die Sonnenstrahlen auf den Meereswogen.
Ich werde kommen mit allen Tränen, die ich geweint
habe.
Ich werde kommen mit den Erinnerungen an Gespräche
mit Menschen,

an die Auseinandersetzungen mit den Fragen,
die keine Antwort zuließen.
Ich werde kommen und nur eines sagen: DU!

Der Text spricht mich sehr an, weil er meine Hoffnung berührt, dass ich „dann", wenn es so weit ist, wirklich zu dem Gott heimfinde, den ich in meinen Gebeten immer schon mit Du angesprochen habe. Und ich hoffe, dass sich bei ihm alle Steine des Lebens zu leuchtenden Kristallen wandeln und alle Leiden sich auflösen in den taumelnden Rausch der Liebe.

Dann werde ich gar nichts mehr fragen müssen. Dann ist alles klar.

In welcher Hinsicht denke und sage ich gerne „dann"?

Dann

Dann, sagt die Hoffnung,
die Erwartung,
die Sehnsucht,
die Phantasie,
der Traum.

Dann, sagt die Vertröstung,
die Ausrede,

die Untätigkeit,
die Faulheit,
die Angst.

Warum nicht schon heute?
Ich stelle mir vor, wie es einmal sein wird,
und mische schon die Farben,
mit denen ich die Zukunft male,
und mache Entwürfe.

Dann, sagst du,
jenseitiger Gott im Diesseits,
dann wische ich dir alle Tränen ab und nehme dich in
den Arm.

Lichtspuren

Gegen den Trübsinn

Immer wieder sagt Gott sinngemäß: *Ihr Menschen, ich kann ja gar nicht anders als euch zu lieben, auch wenn ihr mir untreu seid und davonlauft. Ich bleibe bei meinem Ja zu euch* (vgl. Hos 11, Gen 9,11 u. a.). Unwiderruflich, endgültig verkörpert Jesus dieses bedingungslose Ja Gottes zu uns (2 Kor 1,19). Und jetzt ist unsere ganze Lebenszeit nur ein winziger Moment in den Jahrmilliarden, in dem Gott auf unsere Antwort, unser Ja wartet.

In der St. Michaelskapelle in Rankweil gibt es eine interessante akustische Installation der Künstlerin Anne Katrin Dolven aus Norwegen. Wenn man auf ein Pedal tritt, ertönt ein lautes gemeinsames „Ja" von 40 Frauen als „Echo" auf Gottes Zusagen.

Es soll unser Ja sein zu unserer Welt und zu Gott.

Die Welt ist einerseits die Natur, die ohne Menschen überleben kann, aber nicht wir ohne sie. „Wie viele Bäume werden gefällt, wie viele Wurzeln gerodet – in uns!" (Reiner Kunze) Mit der Umwelt machen wir uns selbst kaputt. Zusammen mit Greta Thunberg stehen Kinder und Jugendliche auf, die ein Recht haben auf eine lebenswerte Schöpfung. Zur Welt gehören natürlich auch alle Menschen. Bei der Amtseinführung von Präsident Joe Biden macht die junge amerikanische Poetin Amanda Gorman Hoffnung und spricht in ihrem berührenden Gedicht „Der Hügel, den wir erklimmen" von den Bestrebungen, eine Gemeinschaft, ein Land zu bilden, in dem alle Kulturen, Charaktere und Lebensverhältnisse der Menschen Platz haben.

Allen schlechten Erfahrungen zum Trotz sollten wir dennoch an das Gute glauben und uns dafür einsetzen. Amanda Gorman sagt in ihrem Gedicht weiter: „Wir sind alles andere als lupenrein, alles andere als makellos, aber das bedeutet nicht, dass wir nicht danach streben, eine Gemeinschaft zu bilden, die perfekt ist!" Das wird uns zwar nie ganz gelingen, aber wir sollten darauf hoffen und dafür kämpfen, dass sich doch da und dort die Lebensbedingungen gerade der Benachteiligten zum Guten wandeln. Ich habe es in Äthiopien erlebt, dass die Menschen trotz allem Elend und der Armut auf ein besseres Leben hoffen. Die strahlenden Gesichter der Kinder in den Slums, vor allem auch in den Schulen, sind Zeichen dafür.

Eine interessante Überlegung: Wenn ich vor vielen Menschen eine Rede über unsere Zukunft halten sollte, was würde ich dann ganz sicher sagen?

Aufhellungen – bei Tag und Nacht

Mein Gemüt ist eingetrübt.
Schleierwolken ungeklärter Fragen
bedecken manchmal mein Gemüt,
Regenwolken, wenn meine Seele weint.
Gewitter eines Ärgers verdunkeln die Sonne.

Gott, mein Herz sehnt sich danach,
dass der Himmel wieder klar wird,
und schaut in den Nächten hinauf zu den Sternen.
Lass mich nie vergessen,
dass die Sonne verlässlich aufgeht,
jeden Morgen neu,
und dass es den Regenbogen gibt,
stürmische Winde, aber auch wohltuende Lüftchen.

War es nicht immer schon so
seit Menschen leben?
Du bist ein verlässlicher Gott
und stehst zu deinem Wort,
dass du die Erde nicht vernichten willst.

Also habe ich berechtigte Hoffnung,

dass sich alles zum Guten wendet.
Dir sei Lob und Dank.

Menschenrechte – viel zitiert, oft missachtet

In Paragraph eins der Menschenrechte heißt es: „Alle Menschen sind frei und gleich an Würde und Rechten geboren!" Wenn das nur auf der ganzen Welt Geltung hätte. Davon sind wir jedoch noch weit entfernt.

Bei den Menschenrechten wird das nur festgestellt, aber es wird nicht erklärt, woher wir die Würde haben und worin sie besteht. Bei einer Tagung zum Thema Menschenwürde sagte die Theologin Ute Ranke-Heinemann: „Die Würde des Menschen ist das mir Gegeben-Sein!" Das Leben wurde uns geschenkt als Gabe und Aufgabe. Für uns Christen gründet sie darin, dass wir alle Ebenbilder und Abbilder Gottes sind. Er schuf uns als sein Bild und Gleichnis. *Lasst uns den Menschen machen als unser Abbild, uns ähnlich,* sagt Gott im Schöpfungsbericht (vgl. Gen 1,26).

In der Taufe wurden wir mit Chrisam gesalbt, so wie seit alters her auch die Propheten, Priester und Könige eine Salbung empfingen, immer als

Ausdruck dafür, dass wir Menschen eine besondere Würde und Verpflichtung haben.

Oder wie es in der Heiligen Schrift oft heißt: Wir alle sind Söhne und Töchter Gottes. Das gibt unserem Leben einen einmaligen Wert.

„Wer ein Kind sieht, begegnet Gott auf frischer Tat!" (Martin Luther) Ähnliches kann von jedem Menschen gesagt werden. Auch Christus identifiziert sich mit jedem, jeder von uns. *Was ihr für einen meiner geringsten Brüder* (das gilt auch für die Schwestern) *getan habt, das habt ihr mir getan* (Mt 25,40).

Es hätte doch ungeheure Konsequenzen, wenn von allen Politikern, in allen Ländern und Religionen, auch in der Kirche die Menschenrechte ernst genommen und eingehalten würden.

Kenne ich wenigstens einige der Menschenrechte? Sehr interessant zu lesen.

Was utopisch ist, ist möglich

Hättest du uns nicht als freie Wesen erschaffen,
es gäbe kein Unrecht,
es wäre allen recht, wie es ist.

Jetzt aber sind wir dir ähnlich,
auch fähig zum Lieben.

Aber wir können,
im Gegensatz zu dir,
auch hassen und weh tun.

Gott, Gerechtigkeit und Frieden küssen sich,
wo Menschen sich daran erinnern, was sie sind:
dir ähnlich und doch ganz anders.
Niemand ist perfekt, aber wir haben einen Wert,
weil es uns gibt,
weil deine Liebe Resonanz findet
in der Sehnsucht unseres Herzens.

Ist es eine Utopie und doch dein Traum,
dass wir eins werden untereinander und mit dir?

Salz und Licht

Es ist schon viele Jahre her, dass Leute manchmal sagten: „Ich habe nichts gestohlen, habe niemanden umgebracht, die Ehe nicht gebrochen. Ich weiß nicht, was ich beichten sollte."

Das ist heute kaum mehr ein Thema, aber meine Antwort damals gilt auch in unseren Tagen.

Ich fragte nämlich meistens zurück: „Gut und recht, aber bist du auch Salz und Licht gewesen? Hast du das Zusammenleben mit anderen mit deiner Geduld, deiner Freundlichkeit, deinem

Humor gewürzt? Bist du für andere auch ein Licht gewesen, sodass sie feststellen konnten: Es wird hell, wenn du da bist!?"

Den Anstoß dazu gibt das Bibelwort: *Ihr seid das Salz der Erde. ... Ihr seid das Licht der Welt* (Mt 5,13f). Jesus gibt nicht den Auftrag „Ihr sollt ...", sondern er stellt fest: „Ihr seid es, automatisch, wie von selbst, wenn ihr mir nachfolgt, in meinen Fußstapfen geht, in meinem Geist lebt und handelt. Ihr habt das Zeug dazu, dass ihr salzige Würze im Zusammenleben seid, dass ihr den Geschmack am Leben fördert, indem ihr nicht selbstverliebt nur auf euch schaut und einander schmecken könnt. Ihr könnt wie das Salz eingefrorene Beziehungen und Streitigkeiten ‚auftauen‘ und ihr werdet die Lust am Leben frisch halten." (Früher wurde das Fleisch eingepökelt.)

„Ihr seid das Licht der Welt, weil ihr Hoffnungslichter anzündet, weil ihr da und dort ein Lächeln auf das Gesicht zaubert, weil andere in eurer Nähe spüren: Da hat jemand zu mir gesprochen und nicht an mir vorbei; jemand hat sich auf mich eingelassen und nicht eine billige Antwort gegeben; jemand hat mir zugehört und nicht auf die Uhr geschaut; jemand hat sich mir zugewandt und nicht ungeduldige Augen gemacht!" (nach Martin Gutl)

Dabei ist immer die Dosis wichtig. Wir sollen keine Streusalzwagen sein und die anderen mit unseren Fragen oder moralischen Floskeln überschütten, auch keine Stadionschweinwerfer, die die Mitmenschen blenden und alles genau sehen und wissen. Die kleine Prise Salz genügt, auch ein wärmendes Licht der Anteilnahme und Herzlichkeit.

Also – ich versuche heute, ein bisschen Salz und Licht zu sein.

Was lebensförderlich ist

Ich will nicht glauben,
dass die Welt nur dunkel ist und die Zukunft düster.
Ich danke, dass ich für manche ein Licht sein kann,
und sie sind es für mich.
Der Anruf spät abends hat mich gefreut,
auch das Bärlauch-Pesto, das die Nichte für mich
gemacht hat.
Ein Gespräch hat das Gesicht der Frau erhellt,
die ihr Herz ausgeschüttet hat.
Ein kleines Licht habe ich entzünden können,
immerhin, besser als nichts.

Gott, du traust mir zu,
dass ich meine Kontakte würze
mit Wohlwollen und Toleranz,

mit Geduld und Herzlichkeit.
Lass mich auch auftauendes Salz sein und die Liebe
frisch halten.
Dann kann ich Geschmack am Leben finden,
und andere können es auch.

Ich danke dir, denn du selbst bist das Licht und das Salz.

Das Gegenteil von Gelassenheit

Ganz spontan: Wie würde Ihre Antwort lauten? Vor kurzem hatte ich einen Vortrag zum Thema „Gelassenheit" zu halten. Bei der Vorbereitung stellte ich mir zuerst die Frage, *wie* wir gelassener, ruhiger, zufriedener, in uns selbst ruhend, gefasster, „lässiger", weniger hektisch leben können. Und dann überlegte ich, was wir alles loslassen sollten: Gedanken, Pläne, Phantasien, Menschen, Kinder und das Leben selbst – irgendwann. Aber das ist nicht so einfach. Eine schwerkranke Frau sagte mir: „Vor drei Monaten, als ich erfuhr, dass meine Krankheit zum Tode führt, hatte ich keine Angst vor dem Sterben. Aber jetzt, je näher es dem Ende zugeht, habe ich doch Mühe damit!"

Was ist die konträre Haltung zur Gelassenheit?

Ich würde sagen: die Angst, die uns unruhig macht und quält. Sie scheint mir das Grundübel unserer Zeit zu sein. Umfragen zeigen, dass immer mehr Menschen Angst haben, obwohl es uns nachweislich viel besser geht als vor zwanzig oder gar hundert Jahren. Sie haben Angst vor der Globalisierung, durch die das Leben zunehmend unüberschaubar wird. Die Angst vor der Zukunft macht vielen das Herz schwer, die Angst vor der Einsamkeit, vor Krankheiten, vor der Abhängigkeit von anderen. In diesen Erfahrungen und Gefühlen ist es gut, glauben zu können, dass ich grundsätzlich angenommen bin und mein Leben einen Wert hat, dass Gott mich nicht fallen lässt, auch nicht, wenn ich sterbe. Diese Überzeugung haben wir von Jesus gelernt.

Wie stufe ich mich selbst ein? Bin ich grundsätzlich gelassen oder eher ängstlich?

Frage ins Ungewisse

Was ist, wenn ich unter den Füßen
den Boden verliere?
Wirst du dann da sein, mich aufzufangen?
Was lässt mich ruhiger werden,
wenn ich hin- und hergerissen bin?

Wirst du mich in den Arm nehmen?
Wenn ich meine Sorgen auf dich werfe,
wirst du sie auffangen?

Ach, wenn ich das nur glauben könnte.
Ich müsste es halt probieren.

Gott, wenn ich das nur könnte.

Heilsame Umarmungen

Wir feierten in einer Höheren Schule zwei Abschlussgottesdienste und hatten im Blick auf die Pandemie das Thema gewählt „Heil werden, Heilung erfahren". Die Schülerinnen und Schüler hatten dabei selbständig Fürbitten formuliert, die mich sehr angesprochen haben. Z. B.: „Die Erfahrung mit Corona hat viele in die Isolation geführt. Guter Gott, wir bitten dich für alle Menschen, die sich einsam fühlen, die aufgrund von Alter und Krankheit oder aufgrund ihrer Lebensumstände allein sind. Schenke ihnen Menschen, die bereit sind für Gespräche und Begegnungen, damit ihr Herz heil werden kann!" Oder: „In manchen Ländern fehlt es an medizinscher Versorgung. Für viele Kinder auf dieser Welt bleibt der Zugang zu Bildung verschlossen. Lass uns nicht wegsehen, sondern schenke uns die Einsicht und Weisheit, dass es nur eine Welt für alle Menschen geben kann und dass es unsere Aufgabe ist, gerecht zu teilen." Und ähnliche Fürbitten mehr. Ich denke, dass die Jugendlichen weithin besser sind, als sie oft pauschal beurteilt werden.

Das Wort „heil" bedeutet ganz sein (das englische „whole"). Und wie können wir so werden?

Ich erzählte dazu die Geschichte vom wunderbaren Kinderbuch „Die Brücke" von Heinz Janisch und Helga Bansch: Zwischen zwei hohen Hügeln ist eine ganz schmale, wackelige Brücke gespannt, gerade so breit, dass eine Person darüberlaufen kann. Nun wollen ein großer Bär und ein Riese von beiden Seiten über diesen Steg. In der Mitte treffen sie aufeinander, und jeder pfaucht den anderen an: „Mach Platz, lass mich vorbei", aber das geht nicht, sonst würden sie abstürzen. Eine Zeit lang streiten sie hin und her. Da hat der Riese eine gute Idee: „Wir müssen ganz nahe zusammenstehen und einander fest umarmen, dann drehen wir uns in ganz kleinen Schritten im Kreis herum." So machen sie es auch und kommen schließlich aneinander vorbei.

Für mich ist das ein wunderbares Bild. Die Lösung für alle Probleme liegt darin, dass wir uns umarmen, körperlich oder mental, im Herzen einander nahekommen. Bei der Krankensalbung zum Beispiel wird der Patient oder die Patientin mit der Hand berührt, und gleichzeitig spüren auch die Personen, die den Kranken, die Kranke mit dem Salböl streicheln oder massieren, diese Berührung.

Ich sage deshalb den Patienten und Patientinnen, dass Gott sie in seiner zärtlichen Zuwendung berührt und dass er gleichzeitig auch selbst angerührt ist von ihrem Leidenszustand.

Dass die körperliche Nähe und der Kontakt heilsam sind, haben wir gerade in der Coronazeit erlebt. Nicht nur die jungen Menschen haben darunter gelitten, dass sie nicht mit anderen zusammen sein durften, auch viele allein lebende und ältere Menschen sind durch die Isolation direkt krank geworden. Ein unguter Zustand, wenn man sich nicht nahekommen, sich höchstens mit der Faust oder dem Ellenbogen begrüßen durfte, mit der Maske reden musste.

Einander umarmen kann man physisch oder auch mit dem Herzen. Und an beidem mangelt es.

Die Absolventen und Absolventinnen des „Freiwilligen Sozialen Jahres" – Jugendliche, die ein Jahr in einer sozialen Einrichtung gearbeitet haben – bekamen ihr Zertifikat. Diese jungen

Menschen erzählten durchgehend, wie wertvoll diese Zeit für sie war. Sie haben – bildlich – in ihrem Dienst auch viele Menschen „umarmt" und Wichtiges für ihr weiteres Leben gelernt.

Wie geht es mir mit Berührungen?

Zwiespältig

Du naher und ferner Gott,
oft sehne ich mich nach deiner Nähe,
möchte ich dich spüren,
erfahren, dass du mich in den Arm nimmst.

Aber dann habe ich wieder Angst,
dass du mir zu nahe kommst,
dass du zu viel von mir willst.
Deine Nähe wird mir oft zu eng,
weil ich befürchte,
dass du alles von mir haben möchtest.
Mich selbst.
Ich pendle zwischen Nähe und Distanz,
nicht nur bei Menschen.
Lass mich erfahren,
dass es befreiend ist,
bei dir zu sein.

Auch der Mist hat sein Gutes

Vor einiger Zeit durfte ich mit einer großen Gruppe eine Reise ins Elsass unternehmen. Natürlich besichtigten wir auch Straßburg, unternahmen dort eine meditative Bootsfahrt und besuchten das Münster. In dieser Stadt lebte und wirkte vor 700 Jahren der Dominikaner und Mystiker Johannes Tauler. Von ihm stammt der Text, der mich schon lange begleitet: *Das Pferd macht den Mist im Stall, und obgleich der Mist einen Unflat und Stank an sich hat, so zieht dasselbe Pferd doch den Mist mit großer Mühe auf das Feld, und daraus wächst sodann schöner Weizen und der edle, süße Wein, der niemals wüchse, wäre der Mist nicht da. Also trage deinen Mist – das sind deine Gebrechen, die du nicht abtun, ablegen noch überwinden kannst – mit Mühe und Fleiß auf den Acker des liebreichen Willens Gottes …*

Ein wunderbares Bild. Auch aus dem, was bei uns unvollkommen und mangelhaft ist, kann Gutes wachsen, wenn wir das alles vor Gott sozusagen ausbreiten.

Wir machen persönlich so manchen Mist.

Wer möchte das abstreiten? Ungute Worte können uns herausrutschen. Beziehungskonflikte hinterlassen negative Spuren. Es gibt mannigfaches Leid, Verletzungen, Streitigkeiten und anderes, was uns das Leben schwer macht. Da wäre es gut, den Karren des Herzens mit all dem „Zeug" zu beladen und auf dem Acker Gottes auszuschütten, das heißt, ihm das alles hinzuhalten. Wir tun das vor allem, wenn wir beten und auch in jedem Gottesdienst. Dabei bitten wir im Wissen um unsere Mängel und Grenzen immer wieder um das Erbarmen Gottes, aber wir haben auch zu danken, weil bei uns doch manch Gutes gewachsen ist. Daran erinnere ich kranke oder ältere Menschen, wenn sie darunter leiden, dass sie nicht mehr so wie früher viel leisten können und dass auch manches danebengegangen ist. Oder ich tröste sie mit dem Versprechen, dass ich ihren „Rucksack" mitnehme und dem Herrgott übergebe, im Bild von Tauler auf seinem Acker ausleere. „Es ist nichts umsonst", was wir jemandem zuliebe getan haben, auch wenn wir die Früchte nicht immer gleich sehen.

Erinnere ich mich an etwas Gutes oder Schönes, das aus meinem „Mist" herausgekommen ist?

Die Landwirtschaft Gottes

Deine Schöpfung ist voll von Wundern.
Die Phantasie deiner Liebe ist unbegrenzt.
Aber auch das Vergehen gehört dazu,
damit Neues entstehen kann.
Und der Mist der Tiere fördert das Wachsen.

Auch bei mir geht manches daneben,
hat einen üblen Geruch.
Bei wem schon nicht?
Vor dir breite ich mein Leben aus
samt allen Mängeln,
und du vollbringst das Wunder,
dass aus allem, was ich tue,
auch aus dem Bösen,
gute Früchte wachsen,
nicht als meine Leistung,
sondern als Geschenk von dir.
Und ich sehe mich nur als geringen Knecht.
Brauche mich und mach mich brauchbar.

Gott, du hast mich betört …

… und ich ließ mich betören. So betet der Prophet Jeremia (Jer 20,7).

Dieser Mann lebte im 6./5. Jahrhundert vor Christus. Der soziale und religiöse Verfall seines Volkes und der Stadt Jerusalem war der Anlass für seine Predigertätigkeit, in der er in drastischen Bildern zur Umkehr aufruft. Z. B. zertrümmerte er am Scherbentor einen Tonkrug mit der Warnung: *Schaut diese Scherben an. So wird es euch ergehen, wenn ihr euch nicht zu Gott bekehrt* (vgl. Jer 19,1–13).

Der Name Jeremia heißt: „Der Herr möge aufrichten". Seine offenen, kritischen Worte brachten ihm Probleme. Er wurde in eine trockene Zisterne geworfen, damit er dort verhungere, aber zum Glück wurde er wieder gerettet. Einmal ließ der König ihn auspeitschen und in einen Block spannen (vgl. Jer 20,2).

Kein Wunder, dass der Prophet in seinem Glauben herausgefordert wird und klagt: *Gott, du hast mich betört und ich ließ mich betören. Du hast mich gepackt und überwältigt. Zum Gespött bin ich geworden den ganzen Tag, ein jeder verhöhnt mich* (vgl. Jer 20,7). Das könnte doch heißen: „Gott, du hast mich drangekriegt. Was hast du mir eingebrockt? Aber ich kann ja gar nicht anders, als für dich eintreten!"

„Betört" heißt bei Verliebten: „Du hast mich verzaubert, hast mir den Kopf verdreht." Beide Deutungen betreffen auch uns.

Haben wir nicht auch schon das Gefühl gehabt, dass Gott uns im tiefsten Herzen berührt hat, sodass wir in Gott „verliebt" waren?

Aber wir kennen auch die dunkle Erfahrung, dass der Glaube an Gott uns Unverständnis, sogar Probleme, Konflikte gebracht hat? Mir ist es jedenfalls schon öfters so ergangen, und ich war mit meinem Beruf als Priester durchaus nicht immer nur glücklich. Dann war mir Jeremia mit seiner Klage sympathisch. Dennoch konnte ich nicht anders, ich kam von Gott nicht los.

Noch ein wichtiges Zeichen von Jeremia: Mitten in der Kriegszeit kauft er in Anatot, sechs Kilometer nördlich von Jerusalem, einen Acker (vgl. Jer 32,1–44). Er setzt damit ein Hoffnungszeichen: „Es kommt wieder eine Friedenszeit, und dann werde ich in Anatot wieder den Acker bestellen können oder ein Haus bauen." Er sagt damit: Gott wendet alles zum Guten.

Also: Wir dürfen durchaus mit Gott hadern, dürfen Glaubensschwierigkeiten haben. Trotzdem sollen wir uns die Hoffnung bewahren.

So und so

Einmal bin ich so
und dann wieder ganz anders.
Gott, du kennst mich.
Ich bin weder ganz gut
noch ganz schlecht,
weder heiß noch kalt
und manchmal eben lau.
Da kann ich nur hoffen,
dass dein Erbarmen größer ist
als mein schwachbrüstiger Glaube,
meine dürre Hoffnung
und meine kleinherzige Liebe,
die mir nur in Ansätzen gelingt.

Gott, habe Geduld mit meiner Unbeständigkeit.
Blase mit deinem Geist hinein
in das Feuerchen, das ich manchmal anzünde,
weil du mich doch wieder betört hast
und ich ein bisschen verliebt bin in dich.

Ohne Luft geht gar nichts

Es war im ersten Konzert nach langem Lockdown.

Wir alle saßen zwar mit Masken und etwas Abstand da, aber wir genossen es, wieder einmal Live-Musik zu hören. In einem Interview mit dem Solo-Klarinettisten sagte dieser: „Damit diese schwarzen ‚Perlenketten' von Noten zum Klingen kommen, braucht es Luft.

Das gilt nicht nur für alle Blasinstrumente, sondern überhaupt für alle Musikinstrumente.

Was z. B. die Streicher spielen, wird nur hörbar, weil Schallwellen, also auch die Luft, die Töne zu den Hörern bringen. Dasselbe gilt auch für unsere Stimme."

Dieser Gedanke faszinierte mich. Ohne Luft könnten wir überhaupt nicht akustisch kommunizieren, in allen Bereichen. Ich phantasierte weiter. Ohne Luft wäre ja gar kein Leben möglich. Mit jedem Atemzug strömt das Leben in uns ein, und wir atmen aus, damit sich die Lungen aufs Neue mit Sauerstoff füllen.

Die Luft, Grundlage des Lebens, besteht aus Sauer- und Stickstoff und allen möglichen Aerosolen. Wenn in der Bibel vom Hl. Geist die Rede ist, wird immer vom Hauch, vom Wind, vom

Sturm, von der Dynamis, der Wirkkraft, vom Feuer des Geistes gesprochen.

Er macht die „Musik" der Liebesmelodie Gottes hörbar, die wir nur mit dem „Ohr" eines aufmerksamen Herzens vernehmen.

Ohne Luft geht gar nichts. Oft tut es uns wohl, an die frische Luft zu gehen. Oder ich lüfte einen Raum, setzte mich hin, atme aus und ein und höre die leise Zusage Gottes: „Du bist wertvoll, du bist gewollt und geliebt!"

Ich gehe an die frische Luft und atme tief durch.

Die Noten zum Klingen bringen

Wie viel rede ich den ganzen Tag!
Manchmal auch ein bisschen im Gebet zu dir,
du sprechender Gott.
Oder ich singe mit anderen zu deiner Ehre
und hoffentlich auch zu deiner Freude.

Ich vertraue, dass du mich hörst,
sogar dann, wenn ich sprachlos bin
vor Schreck oder Freude
oder weil ich müde und leer bin.

Hörst du auch das, was ich nicht sage,
was ich nur fühle oder denke?

Hörst du auch meine verworrenen Einfälle,
meine Traurigkeit und mein Seufzen?
Ach, wenn ich es könnte,
möchte ich dich zum Klingen bringen
in der Alltagssprache und im Jubelgesang.

Vom Wurzeln und Wachsen

Von Dom Hélder Câmara stammt der Satz: „Wenn die Bäume die Menschen gehen sehen, haben sie Mitleid. Sie glauben, dass der Wind uns davonträgt, weil wir keine Wurzeln haben!" Wir Menschen sind von zwei Grundbedürfnissen geprägt: Wir möchten wie die Bäume wurzeln und wachsen, beheimatet sein und uns entfalten.

Bei Tauffeiern vollziehe ich manchmal ein kleines Ritual: Ich lege das Kind auf den Boden und sage: „Du sollst wurzeln in dieser Erde, in der Schöpfung, in der Liebe der Eltern und Geschwister und vor allem in der unbedingten Zuwendung Gottes!" Und dann halte ich den Täufling hoch in die Luft mit dem Wunsch: „Du sollst wachsen – himmelwärts, der Sonne und dem Licht, auch dem zärtliche Mutter- und Vatergott entgegen! Er will, dass du dich gut entwickelst, deine Fähigkeiten entdeckst, deine Zweige ausstreckst, deine Begabungen entfaltest und Frucht bringst in deinem Leben!"

Der Wurzelgrund ist die Kindheitserfahrung, unbedingt geliebt, angenommen, geborgen zu sein, etwas zu gelten und einen sicheren Platz zu haben. Auf diesem Boden wachsen gesunde und stabile Menschen, die nicht von jedem Luftzug umgeworfen werden, die fruchtbar sind in der Gestaltung ihres Lebens.

Wie können wir in der Glaubensbeziehung wurzeln? Das lernen wir am besten von Liebenden: Die sind im Gespräch miteinander, hören einander zu, essen miteinander, gehen gemeinsam einen Weg, sind sich körperlich nahe, haben Zeit füreinander.

Ähnlich wächst die Beziehung zu Jesus, wenn wir einfach mit ihm reden wie mit einem guten Freund, ihn fragen: „Was meinst du dazu, was würdest du mir sagen?" Oder wir nehmen uns Zeit, in Stille bei ihm zu sitzen, wir suchen die Gemeinschaft eines Gottesdienstes, halten Mahl mit ihm. Wir können bei ihm auch das Herz ausschütten. Wenn wir nicht gleich wieder davonlaufen, werden wir mit der Zeit ruhiger, kommt uns ein guter Gedanke, fließt uns die Kraft zu, einfach weiterzumachen, durchzuhalten. Irgendwann wachsen uns neue Einstellungen und Lebenseinsichten zu. Wurzeln und wachsen und Frucht bringen, das können wir auch im Glauben und aus dem Glauben.

In Psalm eins heißt es: *Wohl dem Menschen, der Freude hat an der Weisung des Herrn. ... Er ist wie ein Baum, der an Wasserbächen gepflanzt ist und zur rechten Zeit seine Frucht bringt* (vgl. Ps 1,2).

Ich möchte diesen Psalm so umdichten:

Ein Hoch auf den Menschen,
dessen Wurzeln das Grundwasser der Zusagen Gottes erreichen.
Ein Hoch auf den Menschen, dessen Hoffnung grünt,
weil er eingewachsen ist in den Gott-mit-uns.
Ein Hoch auf den Menschen, bei dem die köstlichen Früchte der liebenden Geduld und des Wohlwollens reifen.
Ein Hoch dem Menschen, der die Dürrezeiten der Sorgen aushält,
denn er hat die Wasser des Lebens im Herzen gespeichert.
Ein Hoch auf den Menschen, der Gott zutraut,
dass er alles zum Guten fügt.

Und wir können ergänzen: Ein Hoch auf mich, weil ich ...

Selig der Mensch,

der eingewurzelt ist in dir.
Wer keine Wurzeln hat, fällt um.
Gott, du Wurzelgrund allen Lebens,
ich möchte mich tief in dich hineingraben.
In mir ist manchmal der Glaube vertrocknet,
auch die Hoffnung,
wohl deshalb,
weil ich meine Wurzeln
zu wenig nach dir ausstrecke.
Du Gott in mir,
außer mir,
unter mir,
über mir,
für mich,
inwendiger als die Schlagader in meiner Brust.
In dir möchte ich wurzeln,
damit ich wachsen kann
und blühen und Frucht bringen.

Ein Zwischenruf

Das ist wohl die kürzeste Geschichte von Jesus, die wir kennen, nur zwei Verse lang (Lk 11,27–28), aber sie ist es wert, dass sie bis heute weitererzählt wird.

Die kleine Szene hat sich in der Synagoge abgespielt. In den vorderen Reihen sitzen die Männer, wie üblich, und erst dahinter, sozusagen in der zweiten Reihe, die Frauen.

Alle hören gespannt Jesus zu, und als er eine kurze Redepause macht, springt plötzlich eine Frau auf und ruft: „Die Frau, die dich in die Welt gesetzt hat, hoch soll sie leben. Selig der Schoß, der dich getragen, die Brüste, die dich genährt haben!" (Genau übersetzt: „An denen du gesogen hast!" Ein kleiner Unterschied.) Vielleicht haben andere Frauen eingestimmt: „Ja, genau so. Ohne seine Mutter gäbe es diesen Jesus nicht!" In der Männergesellschaft ein frecher Zwischenruf.

Vielleicht ist es eine junge Frau, die während der Predigt ihren eigenen Sohn gestillt hat. Vielleicht ist es eine Frau Mitte fünfzig, die sich gedacht hat: „Der könnte mein Sohn sein." Sie hat ihn liebgewonnen, weil ihr das, was er sagt, guttut. Aber sie denkt sich auch: „Deine wunderbaren Gedanken hast du wohl mit der Muttermilch bekommen." Vielleicht aber ist es eine gestandene Frau mit Power, die sich in der Männergesellschaft durchzusetzen weiß und sich nicht den Mund verbieten lässt.

Interessant ist nun die Replik von Jesus. Er greift den Zwischenruf auf und sagt: *Ja, selig sind* vielmehr, die das Wort Gottes hören und es befolgen. Was meint Jesus damit?

Es könnte eine Bestätigung sein. „Meine Mutter ist wirklich großartig, weil sie den Glauben in den Alltag umsetzt. Sie lebt überzeugend, was ich in den Seligpreisungen gesagt habe." Es ist aber auch denkbar, dass Jesus gleich auf alle Frauen (und auch Männer) umschwenkt und bekräftigt: „Entscheidend ist, *wie* jemand lebt. Bloß schöne Worte sind zu wenig!" Wird nicht auch in der Kirche oft viel zu fromm geredet? Die Frage ist, ob wir nicht bloß Hörer, sondern Täter des Wortes Gottes sind.

Was ist mein „Lieblings-Bibelsatz"? Wie prägt er mein Leben?

Jahreszeiten

Wenn mein Glaube eingefroren ist,
blase mit deinem auftauenden Geist über mein Herz.

Wenn es Momente gibt,
in denen ein Wort von dir in mir aufblüht,
dann will ich mich darüber freuen.

Wenn es den langen, warmen Sommer braucht,
bis mein Glaube gereift ist,
lehre mich geduldig zu warten.

Und dann, im Herbst meines Lebens,
frage ich mich,
ob ich wenigstens ein paar Früchte
hervorgebracht habe.
Ich hoffe es.

Spiel mir das Lied vom Leben

„Spiel mir das Lied vom Tod!", lautet der Titel eines berühmten Westerns mit einer unvergesslichen Mundharmonika-Melodie.

„Spiel mir das Lied vom Leben", heißt das Gegenstück dazu, das Jesus selbst angestimmt hat.

Das Präludium, das Vorspiel, hat er in seinen Gleichnissen angestimmt, in seinen Worten und Geschichten von einem liebenden Vatergott, die den Menschen Mut machten.

Er hat Protestsongs gesungen gegen alles, was das Leben einschränkt und behindert. Er hat Kranke geheilt, hat den Verachteten, z. B. den Sündern, Betrügern, Dirnen, wieder ihre Würde gegeben.

Er hat eine Programm-Musik erklingen lassen, aufbauend auf dem Dreiklang der Gottes-, Nächsten- und Selbstliebe. In einem Lied aus der 2. Hälfte des 20. Jahrhunderts heißt es: *Eines*

Tages kam einer, der hatte einen Zauber in seiner Stimme, eine Wärme in seinen Worten ... Eines Tages kam einer, der hatte eine Freude in seinen Augen, eine Freiheit in seinem Handeln, eine Zukunft in seinen Zeichen. Eines Tages kam einer, der hatte einen Schatz in seinem Himmel, ein Leben in seinem Tode, eine Auferstehung in seinem Grabe!

„Spiel mir das Lied vom Leben!" Es erklingt milliardenfach im Osterhymnus „Christus ist erstanden ... Es lebet, der gestorben ist, der Fürst des Lebens Jesus Christ."

Diese Botschaft, die zu Beginn einige Frauen verkündeten und dann auch seine Jünger, ertönt allen Attentaten und Anschlägen, allen Kriegen und Morden, allen Krankheiten und Pandemien, allen Tränen und aller Trauer zum Trotz.

Ich meine: Allein schon diese Tatsache ist ein Wunder! Man muss nur die Ohren und das Herz aufmachen, damit man das Lied vom Leben hört, das alle singen und spielen, die z. B. sagen:

Ich stehe auf, weil ich zu meinem Leben ja sagen kann.

Ich stehe auf, weil ich mich mit jemandem versöhnt habe.

Ich stehe auf, weil ich mich von der Liebe leiten lasse.

Ich stehe auf, weil ich mein persönliches Kreuz tragen kann.

Ich stehe auf, weil Göttliches in mir wachsen darf.

Ich stehe auf …

Schlussgebet

Wer lässt die Sonne aufgehen,
wer lässt die Wolken zur Regenquelle werden
oder zum Schattendach?
Wer entzündet die Wunderkerzen am Nachthimmel?

Wer hat das Lächeln erfunden,
das mir geschenkt wird,
und das zärtliche Streicheln der Liebenden,
das Lachen eines Kindes
und auch das Weinen?

Ein Geschenkebasar ist diese Welt,
du verströmender Gott.
Von mir kommt sehr wenig,
nur ein leises Echo auf deinen liebenden Ruf,
eine dünne Stimme
im gewaltigen Chor deiner Schöpfung.
Wenigstens ein Dankesruf an dich!

Quellenverzeichnis

Einheitsübersetzung der Heiligen Schrift © 2016 Katholische Bibelanstalt GmbH, Stuttgart. Alle Rechte vorbehalten.

S. 6: Grimms Kinder- und Hausmärchen, Manesse Verlag, Zürich 1946.

S. 13: Nach Martin Buber: Die Erzählungen der Chassidim, Manesse Verlag, Zürich 1949, 12. Aufl. 1992.

S. 25: Antje Sabine Naegeli: Eigentlich. Die Rechte liegen bei der Autorin.

S. 39: Dietrich Bonhoeffer: Brief an Renate und Eberhard Bethge aus: Ders.: Widerstand und Ergebung. Briefe und Aufzeichnungen aus der Haft, Gütersloher Verlagshaus, Gütersloh, 25. Auflage 2005.

S. 50/51: Mascha Kaléko: Rezept aus: Dies.: Sei klug und halte dich an Wunder. Gedanken über das Leben. Hrsg. v. Gisela Zoch-Westphal u. Eva-Maria Prokop, © dtv Verlagsgesellschaft mbH & Co. KG, München.

S. 72/73: Dietrich Bonhoeffer: DBW Band 8 – Widerstand und Ergebung, Gütersloher Verlagshaus, Gütersloh 1998.

S. 79: Rainer Maria Rilke: Briefe an einen jungen Dichter, Insel-Bücherei Nr. 406, Leipzig 1929.

S. 99/100: Martin Gutl: Wenn du mich rufst, Gott aus: Ders.: In vielen Herzen verankert. Ausgewählte Texte, hg. von Karl Mittlinger, Styria, Graz 2014, 3. Auflage © Karl Mittlinger.

S. 105: Amanda Gorman: The Hill We Climb – Den Hügel hinauf: Zweisprachige Ausgabe, übers. von Kübra Gümüsay, Hadija Haruna-Oelker und Uda Strätling, Hoffmann und Campe, Hamburg 2021.

Der Autor

Elmar Simma, geb. 1938, Theologiestudium in Innsbruck, Kaplan, Diözesanjugendseelsorger, Pfarrer in Göfis, langjähriger Caritas-Seelsorger der Diözese Feldkirch, Unterrichtstätigkeit an verschiedenen pädagogischen Einrichtungen, engagiert sich für die Hospiz-Bewegung. Er hält zahlreiche Vorträge und ist Autor zahlreicher Bücher. Zuletzt bei Tyrolia erschienen: „Damit sich alles gut fügt" (2021), „Dem Leben zulächeln" (5. Auflage 2020), „In den Nebel hinein" (2018), „Geführt von einem inneren Stern" (2. Auflage 2020).

Wir danken den Autorinnen und Autoren für die freundliche Genehmigung zum Abdruck. Leider war es nicht in allen Fällen möglich, die Rechteinhaber zu ermitteln. Wir bitten um Hinweise an den Verlag. Allfällige Ansprüche werden gerne nachträglich abgegolten.